Asr-ı saâdet gençliği

HÜSEYİN OKUR

SEMERKAND

İÇİNDEKİLER

Önsöz 7
Zamanın Değeri 9
Gençlik Döneminin Önemi 10
Gençler Hakkında Hadisler 14
Resûlullah'ın [s.a.v] Gençlere Tavsiyeleri 18
Müezzinle Alay Eden Gençler 19
Ağaçları Taşlayan Genç 20
Resûlullah'ın [s.a.v]
Gençlik Yıllarında Dinlediği Bir Hutbe 23
Takva Sahibi Genç 25
Çalışmak da Bir İbadettir 28
Gençlik ve Kuşaklar Arası Çatışma 29
Ashâb-ı Kirâmın Ahlâkı 30
Asr-ı Saâdet Gençleri 34
Fütüvvet Serdarı Hz. Ali [k.v] 35
Resûlullah'ın [s.a.v] Sevdiği Genç
Câbir b. Abdullah [r.a] 42

Allah Korkusundan Ciğeri Parçalanan
Genç Sahabi Sehl b. Sa'd [r.a] 44
Resûlullah'ın Mektupçusu Zeyd b. Sâbit [r.a] ... 45
Hıbbü Resûlullah Üsâme b. Zeyd [r.a] 48
Müfessirlerin Sultanı Abdullah b. Abbas [r.a] ... 53
Resûlullah'tan Razı Gençler
Cüleybib ve Hanımı [r. anhümâ] 56
Resûlullah'ın Havârisi Zübeyr b. Avvâm [r.a] ... 59
Resûlullah Âşığı Talha b. Berâ [r.a] 61
Ümmetin Emini Ebû Ubeyde b. Cerrâh [r.a] 63
Meleklerin Yıkadığı Genç Sahabi
Hanzale [r.a] 66
Sünnet Âşığı Abdullah b. Ömer [r.a] 68
Helâl ve Haramı En İyi Bilen
Muâz b. Cebel [r.a] 71
Resûlullah'ın Hizmetçisi Enes b. Mâlik [r.a] 75
Medine'nin Muallimi Mus'ab b. Umeyr [r.a] 79
Cesur Genç Abdullah b. Mesud [r.a] 85
Resûlullah'ın Muhafızı
Sa'd b. Ebû Vakkas [r.a] 88
Yiğitlerin Efendisi Ebû Musa el-Eş'arî [r.a] 91
Sonsöz 93
Bibliyografya 95

Önsöz

İnsan hayatı, çocukluk, gençlik, olgunluk ve ihtiyarlık gibi belli başlı safhalardan oluşur. Bu devrelerin her birinin kendine has özellikleri bulunmasına rağmen aralarında gençlik safhasının çok önemli bir yeri vardır. Zira dünya hayatının en değerli ve en etkili dönemi gençlik yıllarıdır. Ahlâkî erdemlerin yerleştiği, kişinin kendisine, ailesine ve vatanına faydalı olacak meziyetlerin kazanıldığı dönemdir gençlik. "Ağaç yaş iken eğilir" sözünden hareketle, bu dönemde elde edilen maddi ve manevi kazanımlar ve verilen kararlar hayatın bundan sonraki dönemini tamamen ilgilendirmekte ve etkilemektedir. Yüce Allah'ın en değerli nimetlerinden biri olan gençlik, bir kişinin Allah rızasını kazanmak ve Kur'an ahlâkına hizmet etmek için çaba göstermeye başlayabileceği en verimli dönemdir. Osmanlıca sözlüğe bakıldığı zaman "genç" kelimesinin karşılığı olarak "hazine, define, kenz" gibi anlamlar görülür. "Gençlik bir hazinedir" sözü de bu manalardan mülhemdir.

Her şeyden önce yüce dinimiz İslâm, kadın erkek ayırmaksızın bütün fertleri bulûğ çağına erdiklerinde Allah'ın hükümleriyle muhatap kimseler sayarak, tarihte hiçbir kültür ve medeniyetin vermediği bir pâyeyi onlara vermiştir. Peygamber Efendimiz [sallallahu aleyhi vesellem], *"Her doğan İslâm fıtratı üzerine doğar..."* buyurmuş ve daha sonra onları anne ve babaların değiştirdiğine işaret etmiştir. Bugün anne ve babaların ve toplumda gençlere iyi bir gelecek hazırlamak için kendilerini bu işe adayan kimselerin gençlere verebilecekleri en iyi model başta Resûlullah Efendimiz [sallallahu aleyhi vesellem], sonra onun izinde yürüyen sahabe efendilerimizin ve sâdâtların mübarek hayatlarıdır.

Zamanın Değeri

Allah Teâlâ'nın insanlara bahşettiği en kıymetli nimetlerinden biri de zamandır. İmkânlar ve değerler zaman içinde kazanılır veya kaybedilir. Bunun için kaybedilen her an, geriye getirilmesi mümkün olmayan kıymetli bir sermayedir. Kaybedilen mal, mülk, servet zamanla kazanılabilir; fakat kaybedilen ömür sermayesinin geri getirilmesi mümkün değildir.

Rabbimiz şöyle buyurmaktadır: *"Asra (insanın içinde bulunduğu ana) yemin ederim ki insan hiç şüphesiz hüsran içindedir. Ancak inanıp salih amel işleyenler, birbirlerine hakkı tavsiye edenler ve birbirlerine sabırlı olmayı tavsiye edenler bunun dışındadır"* (Asr 103/1-3).

Fahreddin er-Râzî [rahmetullahi aleyh] Asr sûresinin tefsirinde özetle şöyle söyler: "Allah Teâlâ zaman olan asra yemin etmiştir. Çünkü zaman içinde türlü türlü haller, hadiseler vardır. Şöyle ki mutluluk ve üzüntüler, sıhhat ve hastalık, zenginlik ve fakirlik zaman içinde olur. Ayrıca ömre denk ve onunla aynı kıymette olan bir şey de yoktur ...

Senin için en kıymetli şey hayatındır. Böylece zamanın asıl nimetlerin cümlesinden olduğu ortaya çıkmış olmaktadır. Bundan dolayıdır ki Allah Teâlâ zamana yemin etmiştir. Rabbimiz gece ile gündüzün birer fırsat olduğuna fakat insanoğlunun bunları zayi ettiğine dikkat çekmiştir. Zaman mekândan daha önemli olduğundan dolayı zamana yemin etmiştir. Çünkü zaman katıksız, kusursuz bir nimettir. Ayıplanacak ve hüsranda olan ise insandır." [1]

Resûlullah [sallallahu aleyhi vesellem] bir hadislerinde, *"İki nimet vardır. İnsanların çoğu bunları değerlendirmede aldanmıştır: Sıhhat (sağlık) ve boş vakit"* [2] buyurmak suretiyle zamanın büyük bir nimet, önemli bir ikram olduğuna bizlerin dikkatini çekmiş, ayrıca zamanın kıymetini bilip bundan tam anlamıyla istifade edenlerin sadece muvaffak kılınan bazı insanlar olduğuna da, *"İnsanların çoğu bunları değerlendirmede aldanmıştır"* cümlesiyle işaret etmiştir.

Gençlik Döneminin Önemi

Resûl-i Kibriya Efendimiz bir başka hadislerinde zamanın ne denli kıymetli olduğunu şöyle ifade etmişlerdir: "*Beş şey gelmeden önce beş şeyin kıymetini bilin; ölüm gelmeden önce hayatın, hastalık gelmeden önce sağlığın, meşguliyet gelmeden önce boş vaktin, ihtiyarlık gelmeden önce gençliğin, fakirlik gelmeden önce zenginliğin.*" [3]

Görüleceği üzere Resûlullah [sallallahu aleyhi vesellem] ihtiyarlık gelip çatmadan, insan elden ayaktan düşmeden önce gençliğin kıymetinin bilinmesini

1 Fahreddin er-Râzî, *et-Tefsîrü'l-Kebîr*, 11/277-284.

2 Buhârî, Rikâk, 1; Tirmizî, Zühd, 1.

3 Buhârî, Rikâk, 3; Tirmizî, Zühd, 25.

istemiş, bunun için zaten kısa olan insan hayatının bu saman alevi gibi gelip geçici devresinde dünya ve ahiret dengesi gözetilerek ihtiyarlığa taşınmasını istemiştir. Halk arasında "gençliğini yaşamak" tabiri çok sık kullanılır.

Gençliğini yaşamak demek, birtakım arzuların peşinde koşmak anlamına gelmemelidir. Elde fırsat varken iyi bir insan, iyi bir müslüman olmanın yolları aranmalıdır. İbadetin yaşı ve sınırı yoktur. Buluğ çağından itibaren herkes mükelleftir. Üstelik ölümün ne zaman geleceği de belli değildir.

Dinimiz her alanda israfı haram kılmıştır. İsraf etmek genelde mal-eşya hakkında meşhur ise de bundan daha kötüsü ömür sermayesini boşa maksatsız, hedefsiz bir şekilde tüketmektir. İşte israfın en kötüsü ise en lüzumlu ve aslî vazifeleri bırakıp en lüzumsuz ve zararlı şeylerle meşgul olarak ömrü veya gençliği boş yere harcamaktır.

Mâlum, insan hayatının en önemli çağı çocukluktan çıkıp ergenlikle başlayan ve olgunluk dönemine kadar devam eden gençlik çağıdır. Yüce dinimiz gençliğin güzel geçirilmesine çok önem vermiş, geleceğin büyüklerini yetiştirme hususunda yetişkinlere önemli görevler tevdi etmiştir. Bu sebeple gençlere görev ve sorumluluklarını tam anlamıyla yerine getirebilme gücünü kazandırma vazifesi başta anne ve babalara, sonra da bütün topluma düşmektedir.

Gençlere hem maddi hem de manevi alanda verilmesi gereken önemli birçok husus mevcuttur.

Manevi hayatlarının gelişmesinde ilk başta verilmesi gerekenlerin başında inanç gelmektedir. Zira Allah'ı [celle celâluhû], Peygamberimiz'i [sallallahu aleyhi vesellem], kitabımızı ve dinimizi tanımanın kalbe yerleşeceği çağ gençlik çağıdır. Şayet gençlerin inanç ve imanla ilgili bilmesi gereken bu hakikatler zamanında verilmezse hayatın kalan kısmında dünya ve ahiret açısından sıkıntılar getirecek bir hayat yaşanmaya başlanacaktır. Bu sebeple gençlerimize kazandıracağımız en önemli değerlerin başında iman ve inanç hususları gelmektedir.

İman ilkelerinden sonra bir başka önemli husus ise ibadetlerdir. Gençlere Allah'ın razı olacağı bir ibadet hayatını aktarmalı ve ibadet hayatlarının gelişmelerine yardımcı olmalıyız. İbadetlerin başında ise namaz gelmektedir. Çünkü namazın önemini yüce Rabbimiz Kur'ân-ı Kerîm'de bizlere şöyle bildirmektedir:

"(Ey Muhammed!) Kitaptan sana vahyolunanı oku, namazı da dosdoğru kıl. Çünkü namaz, insanı hayâsızlıktan ve kötülükten alıkor. Allah'ı anmak elbette en büyük ibadettir. Allah yaptıklarınızı biliyor" (Ankebût 29/45).

Oruç da aynen böyledir; bir insanın oruç tutmakla birlikte aynı zamanda yalan söylemesi, gıybet etmesi, insanlara haksızlık yapması ve kaba davranması, sövmesi, insanlarla kavga etmesi yapılan bu ibadetin ruhuna aykırı olan davranışlardır. Nitekim bu hususta Resûlullah [sallallahu aleyhi vesellem], *"Her kim yalan söylemeyi ve yalanla iş görmeyi bırakmazsa Allah'ın onun yemesini, içmesini bırakmasına ihtiyacı yoktur"*[4], *"Nice oruç tutanlar vardır ki tuttukları oruçtan kendilerine kalan, sadece açlık ve susuzluktur"*[5] buyurmaktadır.

Namaz ve oruç ibadetlerinin farz olunmasındaki hikmetleri daha iyi kavrayabilirsek şunu görmekteyiz ki namazın kılınması ve orucun tutulması kişiyi kumar, içki, uyuşturucu gibi zararlı alışkanlıklardan, zina gibi fuhşiyattan, hırsızlık gibi haramlardan ve saygısızlık, yalan, hile, aldatma gibi ahlâkî kötülüklerden koruyacaktır. Sadece namaz ve oruç değil, yüce Rabbimiz'in bizlere emrettiği bütün ibadetlerin insanoğlunun hayatına aktarılmaya başlandığı en önemli zaman dilimi gençliktir. Bu sebeple gençlerimizin ibadet hayatlarını güzelleştirmek amacıyla onlara örnek olmalı ve ibadet yapmaları için güzel sözler ve güzel davranış modelleriyle teşvik etmeliyiz.

Gençlerimizin hayatına aktarmamız gereken bir başka önemli husus ise ahlâkî ilkelerdir. Ahlâksızlık bir insan için en büyük yıkımdır. Bu yıkım hem maddi alanda hem bedenî alanda hem de manevi alanda gerçekleşmektedir. Allah Teâlâ Peygamber Efendimiz'e [sallallahu aleyhi vesellem] hitaben, *"Muhakkak sen yüce bir ahlâk üzerinesin"* (Kalem 68/4) buyurarak, ahlâkın ne kadar büyük bir değer olduğunu beyan etmiştir. Resûlullah [sallallahu aleyhi vesellem] bir hadisinde, *"Ben güzel ahlâkı*

---

4 Buhârî, İlim, 30; Tirmizî, Büyû', 3.

5 Beyhakî, *Şuabü'l-İmân*, nr. 3642.

tamamlamak için gönderildim"[6] buyurmuş ve bütün hayatı boyunca bu görevini yerine getirmeye yönelik olarak güzel ahlâkın bireylerde ve toplumda yerleşmesi için çaba sarfetmiştir. Sahabilerine, *"Sizin en hayırlınız, ahlâkı en güzel olanınızdır"*[7] diyerek onları güzel davranışlar içinde olmaları için yönlendirmiştir. Ahlâkî ilkelerin hayata aktarılacağı ve yaşantı haline dönüştürüleceği en önemli çağ gençliktir.

Gençler Hakkındaki Hadisler

Ebû Hüreyre'nin [radıyallahu anh] bildirdiğine göre Resûlullah [sallallahu aleyhi vesellem] şöyle buyurmuştur: *"Eğer huşû sahibi gençler, ibadet eden ihtiyarlar, sütteki bebekler ve otlayan hayvanlar olmasaydı, mutlaka üzerinize büyük bir azap yağardı."*[8]

Gençlik, Allah'a şükrü gerektiren ve Allah tarafından insana bahşedilen çok önemli bir nimettir. Bu nimetin nasıl ve ne uğurda harcandığı konusunda herkesin sorguya çekileceğini bildirilmiştir. İbn Mesud'dan [radıyallahu anh] rivayet edildiğine göre, Resûlullah [sallallahu aleyhi vesellem] şöyle buyurmuştur: *"İnsanoğluna beş şeyden hesap sorulmadıkça kıyamet günü hiçbir tarafa hareket etmeyecektir: Ömrünü nerede ve nasıl tükettiğinden, gençliğini nerede yıprattığından, malını nereden kazanıp nerede harcadığından, öğrendiği bilgilerle yaşayıp yaşamadığından."*[9]

---

6 Bezzâr, *Müsned*, nr. 8949.

7 Buhârî, Edep, 39.

8 Ali el-Müttakî, *Kenzü'l-Ummâl*, nr. 5988.

9 Tirmizî, Sıfatü'l-Kıyâme, 1.

Gençlik dönemi insanın kemale ilerleyiş yolunda adımlar attığı, hayat tecrübelerini basamak basamak elde ettiği bir dönemdir. İnsanın beşer olarak hata ve kusurda bulunması bir yana bunlar gençlik döneminde biraz daha fazla görülür. İnsan, ergenlik çağından sonra nefsine ve şeytana uyarak günah işleyebilir. Günah işleyebilen bir varlık olması nedeniyle yüce Allah günahtan kurtuluş yolu olarak "tövbe kapısını" insanlara açmıştır. Her insanın tövbeye ihtiyacı vardır. Önemli olan hiç günah işlememek değil günahta ısrar etmemektir. Peygamberimiz'in [sallallahu aleyhi vesellem], "*Günahkârların en hayırlısı tövbe edenlerdir*"[10] hadisi buna işaret etmektedir. Müslümanın günahlarına tövbe etmesi dinî bir görevdir. Bu görev ömür boyunca devam eder. Tövbe etmek, hem Allah ve Peygamber'e itaattir hem de günahlardan kurtuluştur. Tövbe etmeyen insan kendisine zulmetmiş olur. *"Kim tövbe etmezse işte onlar zalimlerin tâ kendileridir"* (Hucurât 49/11) anlamındaki âyet bunun delilidir.

Resûl-i Ekrem [sallallahu aleyhi vesellem] bir gencin günahlarının farkına varmasının ve bu sebeple tövbe etmesinin Allah katında çok daha değerli olacağını, *"Allah tövbe eden genci sever"* [11] hadisleriyle beyan etmiştir.

Yine Resûlullah [sallallahu aleyhi vesellem] pek çok hadisinde faziletli gençleri methetmiş, onların ahirette ayrıcalıklı kimseler olacağını beyan etmiştir: "*Allah, yedi sınıf insanı hiçbir gölgenin bulunmadı-*

---

10 İbn Mâce, Zühd, 30.

11 Münâvî, *Feyzü'l-Kadîr*, 2/288.

ğı kıyamet gününde (arşının) gölgesinde gölgelendirecektir (Bunlar, şu özelliğe sahip müminlerdir):

1. *Âdil yöneticiler,*

2. *Rabb'ine ibadet ile yetişen gençler,*

3. *Kalbi mescidlere bağlı olanlar* (yani namazlarını cemaatle camilerde kılanlar).

4. *Allah için birbirlerini seven, Allah için bir araya gelen ve Allah için ayrılan kimseler,*

5. *Güzel ve mevki sahibi bir kadının beraber olma isteğine, 'Ben Allah'tan korkarım' diye yaklaşmayan genç,*

6. *Sağ elinin verdiğini sol eli bilmeyecek kadar gizli sadaka verenler,*

7. *Tenha yerlerde Allah'ı anıp göz yaşı dökebilenler."* [12]

İşte genç yaşta yapılan ibadete Resûlullah [sallallahu aleyhi vesellem] ayrı bir önem vermiş ve genç yaşta ibadet alışkanlığının kazanılmasını tembihlemiştir. Unutulmamalıdır ki gençler bir milletin istikbali olduğu kadar onların bu istikbali görebilmeleri için de büyüklere önemli görevler düşmekte. Toplum bir binayı oluşturan taşlar gibidir. Birinin zayıf olması diğerinin kuvvetinin de zayıflamasına sebeptir. O nedenle gençlerin Allah'tan korkan, vatanına, milletine ve başta kendisine ve ailesine saygılı, sorumluluk bilincinin farkında olabilmeleri için, büyüklerin de rehberliğine ihtiyaçları vardır.

---

12 Buhârî, Ezân, 36.

Resûl-i Ekrem [sallallahu aleyhi vesellem] fertlerin gençlik zamanında kazanacakları ve ifa edecekleri kulluk ve ibadet için, *"Gençlik yıllarında Allah'a kulluk yapanın, ihtiyarlık zamanlarında kulluk yapmaya başlayana üstünlüğü, peygamberlerin insanlara olan üstünlüğü gibidir (o derece faziletlidir)"* [13] buyurarak gençlik döneminde Allah'a kulluk yapmanın, ibadete sarılmanın, insanlara ve Allah'a karşı görev ve vazifeleri bilmenin ne derece önemli ve O'nun katında ne derece faziletli olduğunu göstermiştir.

Allah [celle celâluhû] Kur'ân-ı Kerîm'de mağara arkadaşlarının (Ashâb-ı Kehf) kıssasını anlatırken onların iman dolu gençler olduğu beyan etmiş ve ardından, bu hasletleri sebebiyle onların imanını artırdığını beyan buyurmuştur: *"Hakikaten onlar, Rab'lerine inanmış gençlerdi. Biz de onların hidayetini artırdık"* (Kehf 18/13).

Resûlullah [sallallahu aleyhi vesellem] gençlerle ilgili diğer hadislerinde şöyle buyurmaktadır:

"Allah, gençliğini kendisine itaat yolunda harcayan genci sever." [14]

"Herhangi bir genç yaşından dolayı bir ihtiyara saygı gösterirse Allah da o gence yaşlılığında hizmet edecek kimseler verir." [15]

"Gençlerinizin en hayırlısı, (sefahatten uzak durmakta ve temkinli davranmakta) ihtiyarlara

13 Ali el-Müttakî, *Kenzü'l-Ummâl*, nr. 43056.

14 Ali el-Müttakî, *Kenzü'l-Ummâl*, nr. 7206.

15 Tirmizî, Birr, 75.

benzeyendir. Yaşlılarınızın en fenası ise (nefsinin arzularına uymakta hevâperest) gençler gibi yaşayandır."[16]

اَلْعَدْلُ حَسَنٌ وَلَكِنْ فِى الأُمَرَاءِ أَحْسَنُ السَّخَاءُ حَسَنٌ وَلَكِنْ فى الأَغْنِيَاءِ أَحْسَنُ الْوَرَعُ حَسَنٌ وَلَكِنْ فِى الْعُلَمَاءِ أَحْسَنُ الصَّبْرُ حَسَنٌ وَلَكِنْ فِى الْفُقَرَاءِ أَحْسَنُ التَّوْبَةُ حَسَنٌ وَلَكِنْ فِى الشَّبَابِ أَحْسَنُ الحَيَاءُ حَسَنٌ وَلَكِنْ فِى النِّسَاءِ أَحْسَنُ

"Adalet güzeldir ancak liderlerde olursa daha da güzel olur. Cömertlik güzeldir ancak zenginlerde olursa daha da güzel olur. Vera' (takva) güzeldir ancak âlimlerde olursa daha da güzel olur. Sabır güzeldir ancak fakirlerde olursa daha da güzel olur. Tövbe güzeldir ancak gençlerde olursa daha da güzel olur. Hayâ güzeldir ancak kadınlarda olursa daha da güzel olur." [17]

Resûlullah'ın [s.a.v] Gençlere Tavsiyeleri

Resûlullah [sallallahu aleyhi vesellem] gençlerin eğitim ve terbiyesine ayrı bir önem vermiştir. Genç sahabiler kendilerini sevmiş, Allah Resûlü de onları sevmiştir. Resûl-i Ekrem'in [sallallahu aleyhi vesellem] gençlere verdiği önemi onun gençlere tevdi etmiş olduğu görevlerde görmek mümkündür. Nitekim

16 Heysemî, *Mecmau'z-Zevâid*, 10/270.

17 Ali el-Müttakî, *Kenzü'l-Ummâl*, nr. 43542.

Hz. Peygamber [sallallahu aleyhi vesellem] vahiy kâtiplerini genellikle gençler arasından seçmiş, gençlerin fetva vermesine müsaade etmiş, onlardan öğretmenler tayin etmiştir. Genç sahabilerin eğitimiyle bizzat ilgilenmiş, bu maksatla Mescid-i Nebevî'nin hemen yanı başında "Suffe" isimli bir barınak ve mektep açmıştır. Ordu içerisinde sahabeden yaşlıların bulunmasına rağmen, kabiliyetine güvendiği genç sahabileri ordu kumandanlığa getirmiş ve yine çok önemli ve itibarlı bir vazife olan sancaktarlık görevini genç sahabilere vermiştir.

Resûlullah [sallallahu aleyhi vesellem] gençlerin kalplerini İslâm'a ısındırmak için onlara hoş görülü davranmış, kendilerinden sâdır olan nâhoş fiillere karşı katı ve kaba davranmamış bu vesileyle pek çok kişi İslâm'la müşerref olmuştur. Nitekim Ebû Mahzûre'nin [radıyallahu anh] Peygamber Efendimiz'in [sallallahu aleyhi vesellem] müezzinlerinden olması da böyle bir muamelenin neticesinde olmuştur.

Müezzinle Alay Eden Gençler

Ebû Mahzûre [radıyallahu anh] anlatıyor: Resûlullah [sallallahu aleyhi vesellem] Huneyn Savaşı'ndan dönerken, biz de bir topluluk olarak Huneyn yolunda ilerliyorduk, yolda Allah Resûlü bizimle karşılaşmıştı. Müezzini namaz için ezan okumaya başlamıştı. Müezzinin sesini işitince, onun okumasıyla alay ederek kendi kendimize onun söylediklerini tekrar etmeye başladık. Resûl-i Ekrem [sallallahu aleyhi vesellem] bizim sesimizi işitince bizi yanına çağırttı. Huzuruna varınca, *"Sesini duyduğum kimse hanginizdi?"* diye sordu. Arkadaşlarım beni göstermişlerdi, bunun üzerine Hz. Peygamber [sallallahu aleyhi vesellem] onları göndererek benim kalmamı istedi. Sonra, *"Kalk ve ezan oku"* buyurdu. Hemen ayağa kalktım ve onun bana öğrettiği şekliyle ezan okudum. Ezanı okuduktan sonra içinde bir miktar gümüş olan bir kese verdi. Ben de, "Ey Allah'ın resûlü! Bana Mekke'de ezan okumam için müsaade et" dedim. O da, *"Seni bu işle görevlendirdim"* buyurdu. [18]

Ebû Mahzûre [radıyallahu anh], vefat edinceye kadar Mescid-i Harâm'da müezzinlik yapmış; kendisinden sonra da çocukları ve torunları aynı görevleri sürdürmüşlerdir.

Sevgili Peygamberimiz [sallallahu aleyhi vesellem] gençlerle iyi bir iletişim içindeydi. O, samimi bir yaklaşımla gençlerin problemleriyle ilgilenmiş, gönüllerini kazanmıştı. Müslümanları, daha özelde gençleri eğitirken onlara karşı kırıcı davranışlar içine girmemiş, onlara kaba sözler sarfetmemişti.

Ağaçları Taşlayan Genç

Resûl-i Ekrem [sallallahu aleyhi vesellem] hoşgörüsüyle insanların kalplerini kazanır, nefret ettirmezdi. O etrafına hoşgörülü ve yumuşak davranırdı. Bağırıp çağırmaz, kimseyi incitmezdi.

Asr-ı saâdet'te Allah Resûlü'nün yanına bir genç çıkageldi ve çok saygısızca,

18 Nesâî, Ezân, 5-6; İbn Mâce, Ezân, 2; Dârimî, Salât, 6.

- Yâ Resûlallah! Ben falanca kadın ile arkadaş olmak istiyorum, onunla zina yapmak istiyorum, dedi.

Ashâb-ı kirâm, bu duruma çok öfkelendiler. İçlerinden gazaba gelerek tartaklamak ve Resûlullah'ın huzurundan çıkarmak isteyenler oldu. Bazıları gence bağırdı çünkü çok saygısız konuşmuştu. Sevgili Peygamberimiz, *"Bırakın o genci!..."* buyurdu, sonra yanına çağırdı ve dizinin dibine oturttu. Gencin dizleri Resûl-i Ekrem'in dizlerine değiyordu. Resûlullah [sallallahu aleyhi vesellem],

- *Ey genç, birinin annenle bu kötü işi yapmasını ister misin? Bu çirkin hareket hoşuna gider mi,* diye sordu. Genç hiddetle,

- Hayır yâ Resûlallah, diye cevap verdi. Allah Resûlü,

- *Öyle ise o çirkin işi yapacağın kimsenin evlatları da bundan hoşlanmazlar,* buyurdu. Sonra,

- *Peki, bu çirkin işi senin kız kardeşinle yapmak isteseler, hoşuna gider mi,* dedi. Genç yine,

- Hayır, asla, diyerek hiddetlendi. Resûlullah [sallallahu aleyhi vesellem],

- *Şu halde insanlardan hiç kimse bu işi sevmez,* buyurdu.

Sonra Hz. Peygamber [sallallahu aleyhi vesellem] mübarek elini bu gencin göğsüne koyarak şöyle dua etti:

- Allahım! Sen bu gencin kalbini temiz kıl. Namusu ve şerefini muhafaza eyle ve günahlarını da bağışla.

Genç, Resûlullah'ın [sallallahu aleyhi vesellem] huzurundan ayrıldı ve bir daha günah işlemediği gibi böyle kötü düşünceleri de aklından geçirmedi. [19]

Peygamber Efendimiz'in [sallallahu aleyhi vesellem] gençlere bir tavsiyesi de şöyledir: *"Sizden kimin evlenmeye gücü yeterse evlensin. Zira evlilik gözü haramdan alıkor; iffet ve namusu muhafaza eder. Evlenmeye gücü yetmeyen ise oruç tutsun. Çünkü (oruç), cinsî arzuyu azaltır."* [20]

Gençlik dönemi, fıtrî olarak bedenî ve ruhî bakımdan kişinin gelişim gösterdiği bir dönemdir. Özellikle ergenlik döneminde gençlerin mahremiyet noktasında bilgi sahibi yapılması, Allah Teâlâ'nın çizmiş olduğu haram daireye girilmemesi gerektiği, karşı cinsle gayri meşru birlikteliğin büyük günahlardan olduğunun anlatılması gerekir. Dinimiz, nesillerin korunmasına ve ahlâksızlığın önlenmesine büyük önem vermiştir. Bu sebeple kadın erkek birlikteliği, nikâhla kayıt altına alınmış, nikâh dışı cinsel ilişki zina olarak kabul edilmiş ve haram kılınmıştır. Rabbimiz bize zina konusunda şu uyarıda bulunuyor: "*Zinaya yaklaşmayın. Çünkü o, son derece çirkin bir hayâsızlık, kötü bir yoldur*" (İsrâ 17/32). Bir başka âyette de müminler için, "*Onlar, Allah ile beraber başka bir ilâha kulluk etmeyen, haksız yere*

19 Ahmed b. Hanbel, *el-Müsned*, 1/256-257.

20 Müslim, Nikâh, 1.

Allah'ın haram kıldığı cana kıymayan ve zina etmeyen kimselerdir. Kim bunları yaparsa ağır bir azaba uğrar" (Furkan 25/68) buyrulmuştur.

Resûlullah'ın [s.a.v] Gençlik Yıllarında Dinlediği Bir Hutbe

Kus b. Sâide, Peygamber Efendimiz'e [sallallahu aleyhi vesellem] nübüvvet verilmeden önce, Câhiliye döneminde yaşamış, edipliği ve hatipliği bütün Araplar'ca kabul görmüş bir kimseydi. Onun sözleri belâgatta, hikmette ve güzel öğütte darbı-mesel haline gelmişti. Zamanında tevhid inancını koruyan birkaç kişiden biriydi. Araplar'dan putları terketmelerini ister ve onları Allah'a ibadete teşvik edip bu hususta, umumi toplantılarda ve panayırlarda hutbeler irad ederdi. Bu maksatla Kus b. Sâide her sene çeşitli yerlerde düzenlenen panayırlara katılır ve insanları tevhide, öldükten sonra tekrar dirilmeye inanmaya çağırır ve pek yakında bir peygamberin geleceğini söylerdi. İşte Kus b. Sâide'nin böyle hutbe irad ettiği panayırlardan birinde Resûlullah [sallallahu aleyhi vesellem] ve Hz. Ebû Bekir de [radıyallahu anh] bulunuyordu. O zaman Peygamber Efendimiz Hz. Ebû Bekir'in orada olduğunu bilmiyordu. Resûl-i Ekrem'e [sallallahu aleyhi vesellem] peygamberlik verildiğinde bir gün, *"Kus b. Sâide'nin, Ukâz panayırında deve üzerinde, 'Yaşayan ölür, ölen fenâ bulur, olacak olur' diyerek hutbe okuduğu hiç hatırımdan çıkmaz. Bu hutbeyi, dinleyen ve okuyabilecek kimse var mı?"*

buyurdular. Orada bulunan Hz. Ebû Bekir [radıyallahu anh], "Yâ Resûlallah, o gün ben de oradaydım, söylediklerinin hepsi ezberimdedir" dedi ve o meşhur hutbe ile bazı şiirlerini okudu.

Kus b. Sâide'nin hutbesi şöyleydi:

"Ey insanlar! Geliniz, dinleyiniz, belleyiniz, ibret alınız. Her yaşayan ölür; ölen çeker gider. Olacak olur. Yağmur yağar, otlar ve bitkiler biter. Onlardan yiyecekler elde edilir. Çocuklar doğar, analarının babalarının yerini tutar. Sonra hepsi mahvolup gider. Hadiselerin ardı arkası kesilmez. Kulak veriniz, dikkat ediniz! Gökte haber, yerde ibret alacak şeyler var. Geceler karanlık, gökyüzü ise yıldızlarla dolu, yeryüzü geniş bir yol, denizler dalga dalga ... Neden gidenlerin bir daha geri döndüklerini göremiyorum? Gittikleri yerden hoşnut oldular da oralarda karar mı kıldılar? Yoksa unutulup uykuya mı daldılar?

Yemin ederim Allah'ın indinde bir din vardır ki şimdi bulunduğunuz dinden daha sevgilidir ve Allah'ın gelecek olan bir peygamberi vardır ki gelmesi pek yakın oldu. Gölgesi başınız üstüne geldi. Ne mutlu o kimseye ki ona iman edene ve hidayeti bulana! Yazıklar olsun ki ona isyan eden bedbahta. Eyvahlar olsun ömürleri gaflet ile geçen ümmetlere!

Ey insanlar! Hani dedeler, nerede babalar, hani hastalar ve ziyaretçileri? Nerede o bina kurup yükselten, yaldızlayıp süsleyen kavimler? Hani mal, hani evlat? Nerede o haddi aşıp azan, mal toplayıp biriktiren, hani dünya varlığına mağrur olanlar! Bu kara toprak onları değirmeninde öğütüp toz etti, dağıttı. Kemikleri bile çürüyüp dağıldı. Sakın onlar gibi gaflet yoluna gitmeyin. Her şey fânidir. Bâki olan ancak Allah'tır ki mâbud ancak O'dur. O'nun eşi, benzeri, ortağı yoktur. Evvel gelip geçenlerde bize ibret alacak şeyler çoktur. Ölüm ırmağının girecek yerleri var ama çıkacak yeri yoktur. Büyük, küçük hep göçüp gidiyor. Giden geri gelmiyor. Şunu kesinlikle anladım ki herkesin başına gelen benim de başıma gelecek, ben de öleceğim."

Kus b. Sâide, o anda kendisini dikkatle dinleyenler arasında, geleceğinden söz ettiği zatın bulunduğundan habersizdi! Pek yakında geleceğini müjdelediği Peygamber Efendimiz'le [sallallahu aleyhi vesellem] görüşmek kendisine nasip olmadı ve ona peygamberlik verilmeden önce vefat etti. [21]

Takva Sahibi Genç

Dünyanın fâniliğini bilen, ölümü ve ölümden sonraki hayatı ve hesap verme gününü düşünen gençler, arzu ve heveslerine değil Allah Teâlâ'nın ve O'nun resûlünün emirlerine kulak verirler. Duygularını kontrol altına alır; hayatı meşru dairede geçirir, çevresine zarar değil, fayda sağlarlar.

Resûlullah [sallallahu aleyhi vesellem] bir hadis-i şeriflerinde buyurmuşlardır ki: *"Bir genç şu dünyanın aldatıcı zevk ve eğlencelerini terkeder ve gençliğiyle Allah Teâlâ'ya taat ve ibadete yönelirse, Allah ona yetmiş iki sıddıkın ecrini verir ve sonra*

---

21 İbn Kesîr, *el-Bidâye ve'n-Nihâye*, 2/235, 238.

Allah o genç için şöyle buyurur: Ey gençliğinde benim rızam için şehvetleri terkeden genç! Sen benim yanımda bazı meleklerim kadar değerlisin."[22]

Evet, takva sahibi olmak, hayatın her döneminde güzeldir ancak gençlik çağında bir başka güzeldir. Delikanlılığa, güce, kuvvete, güzelliğe rağmen günahlardan sakınanların mükâfatının ebedî mutluluk olduğunu Peygamber Efendimiz [sallallahu aleyhi vesellem] müjdelemiştir.

Hz. Ömer'in [radıyallahu anh] halifeliği döneminde ibadet ehli, son derece takva sahibi bir genç vardı. Hz. Ömer'in [radıyallahu anh] hayret ve takdirle izlediği bu gencin kalbi, Allah ve Resûlü'nün sevgisiyle doluydu. Vakit namazlarını daima cemaatle kılar ve namazdan çıkar çıkmaz evine döner ve ihtiyar babasının hizmetini görürdü. Bu gencin evine giden yolu, bir kadının kapısının önünden geçiyordu. Kadın her defasında gencin yoluna çıkarak çirkin tekliflerde bulunuyor fakat genç, Allah korkusundan ona iltifat etmiyordu.

Yine bir gün yatsı namazını kıldıktan sonra evine giderken, kadın tekrar karşısına çıktı ve genci kandırmayı başardı. Fakat genç, kadının ardı sıra eve girerken birden bire Allah Teâlâ'yı hatırladı ve korkuyla dilinden şu âyet döküldü: *"Takvaya erenler var ya, onlara şeytan tarafından bir vesvese dokunduğunda (Allah'ın emir ve yasaklarını) hatırlayıp hemen gerçeği görürler"* (A'râf 7/201). Hemen ardından da bayılarak düştü. Kadın hizmetçisini çağırdı. Genci tutarak evinin önüne koydular. Sonra da kapıyı çalarak babasına ha-

22 Ali el-Müttakî, *Kenzü'l-Ummâl*, nr. 43106.

ber verdiler. Babası dışarı çıkınca, oğlunu baygın bir vaziyette kapının önünde buldu. Komşulardan birkaçı genci tutup eve taşıdılar. Uzun bir müddet baygın kalan genç kendine gelince babası,

- Evladım neyin var, ne oldu, diye sordu. Oğlu,

- Bir şeyim yok, dedi. Babasının ısrarı üzerine oğlu başından geçenleri anlattı. Babası,

- Hangi âyeti okumuştun, diye sordu. Genç, âyeti okudu ve tekrar kendinden geçti ve ruhunu teslim etti. Bunun üzerine genci yıkadılar ve gece vakti göz yaşlarıyla defnettiler. Sabah olunca olay Hz. Ömer'e [radıyallahu anh] bildirildi. Hz. Ömer [radıyallahu anh], gencin babasına gelerek başsağlığı diledi ve,

- Bana niye haber vermedin, diye sordu. Gencin babası,

- Ey müminlerin emîri, vakit geceydi, dedi. Hz. Ömer [radıyallahu anh],

- Bizi onun kabrine götürün. dedi. Hz. Ömer [radıyallahu anh] ve beraberindekiler gencin kabrine geldiler. Hz. Ömer [radıyallahu anh],

- Ey filan kişi! *"Rabb'in makamında durmaktan korkanlara iki cennet var"* (Rahmân 55/46) dedi. Genç kabirden,

- Yâ Ömer! Rabbim cennette bana onları iki defa verdi, dedi. [23]

---

23 Süyûtî, *ed-Dürrü'l-Mensûr*, 9/368, İbn Kesîr, *Tefsîrü'l-Kur'âni'l-Azîm*, 3/534.

Çalışmak da Bir İbadettir

Dünyevî ihtiyaçların temini için kazanç aramak, çalışıp çabalamak, maişeti temin etmek her müslüman üzerine bir farzdır. Çünkü bir müslüman, mükellef olduğu vazifeleri ancak kazanç sayesinde yerine getirebilir. Bu vazifelerin yapılması kuvvet ile sıhhate bağlıdır. Kuvvet ve sıhhat ise gıdaya ve diğer hususlara bağlıdır. Bunlar ise kazanç vasıtasıyla elde edilebilir. Herhangi bir müslüman için kendi nefsini ve nafakaları üzerine lazım gelen kimseleri geçindirmeye ve borçlarını ödemeye yetecek miktar helâlinden kazançta bulunmak bir farzdır.

Resûl-i Ekrem [sallallahu aleyhi vesellem] bir sabah sahâbe-i kirâm ile birlikte otururlarken, gücü kuvveti yerinde bir gencin sabah erkenden işe gitmekte olduğunu görürler. Sahâbe-i kirâm,

"Yazık şu gence! Keşke gençliğini ve gücünü Allah yolunda değerlendirseydi!" dediler; bunun üzerine Resûlullah [sallallahu aleyhi vesellem] şöyle buyurdu:

"Öyle demeyin! Eğer o genç kendisi için çalışıyorsa dilenmekten kurtulur ve insanlara muhtaç olmaz. Bu durumdaki kimse de Allah yolunda sayılır. Şayet zayıf düşmüş anne babası için yahut muhtaç durumdaki ailesinin ihtiyaçlarını gidermek için çalışıyorsa bu kimse de Allah yolundadır. Ancak insanlara karşı övünmek ve fazla mal biriktirmek için çalışıyorsa bu kimse de şeytanın yolundadır."[24]

---

24 Taberânî, *el-Mu'cemü'l-Kebîr*, 19/129; Heysemî, *Mecmau'z-Zevâid*, 4/325.

Gençlik ve Kuşaklar Arası Çatışma

İnsanoğlunun dünyaya gelişi, onun fâni âlemden ebedî âleme başlayan bir yolcuğunun başlangıcıdır. Bu yolculuk içinde insan bebeklik, çocukluk, gençlik ve ergenlik ile yetişkinlik ve derken yaşlılık gibi pek çok dönem yaşar ve görür.

Rabbimiz bu gerçeği şöyle ifade etmektedir: *"Sizi güçsüz yaratan, sonra güçsüzlüğün ardından kuvvet veren ve sonra kuvvetin ardından güçsüzlük ve ihtiyarlık veren Allah'tır. O, dilediğini yaratır. O, hakkıyla bilendir, üstün kudret sahibidir"* (Rûm 30/54).

Bir nesil yaşlılık devresinde iken arkasından gelen bir başka nesil de gençlik devresindedir. Zamanın ilerlemesi, yeni yeni gelişmelerin, sosyal değişimlerin, kültürel yeniliklerin veya yozlaşmaların ve bunun gibi daha pek çok etken sebebiyle her yaş grubunun hayatı farklı anlamaları gayet doğaldır. Bir yaşlının kendi gençlik dönemlerinde şahit olmadığı birçok şeye şahit olması, etrafında bunu tatbik eden yeni nesle karşı olumsuz bir tavır takınmasına sebep olabileceği gibi, yeni neslin alışık olduğu bir âdet veya yeniliğin eski nesil tarafından bilinmemesi veya uygulanmaması da onun cephesinden hoş görülmeyebilir.

Her iki kuşak arasında zaman aşımından kaynaklanan birtakım farklılıkların olması gayet tabiidir. Ancak normal olmayan, bu gibi durumların birbirlerine çok muhtaç olan iki nesil arasında bir çatışmaya ve reddetmeye götürmesidir. Esasında bugünün gençlerinin yaşlıları kabul etmeyişi, özellikle evlatların yaşlı anne ve babalarını gözetmeyişlerinin temelinde bu anlayışın etkisini görmek mümkündür. Halbuki İslâm kültür ve medeniyetinin hâkim olduğu topraklarda, kuşaklar arası bir bölünme hiçbir zaman görülmemiş, aksine gençlerin yaşlıların tecrübelerine, yaşlıların da gençlerin güç ve maharetlerine muhtaç olduğu ilkesinden hareketle çok düzenli, yaşlısından gencine kadar birbirlerine saygılı ve samimi toplumlar oluşturulmuştur. Bugün Batı'da gözlemlenen kuşaklar arası çatışmanın temel sebebi, İslâm'ın öngördüğü toplum anlayışından uzak yaşamalarıdır. Oysa sevgili Peygamberimiz [sallallahu aleyhi vesellem] bakın bu konuda ne buyurmuştur:

"Bir genç bir ihtiyara yaşından dolayı saygı gösterirse; yaşlandığı zaman, yüce Allah ona saygı gösterecek birini mutlaka nasip eder." [25]

Resûlullah [sallallahu aleyhi vesellem] bir başka hadislerinde ise şöyle buyuruyor: *"Küçüklerine merhamet etmeyen, büyüklerine saygı göstermeyen bizden değildir."* [26]

Ashâb-ı Kirâmın Ahlâkı

İslâm dininin en kıymetli asrı, hiç şüphesiz, cihanın nübüvvet nuruyla aydınlandığı Asr-ı saâdet'tir. Allah Resûlü ve onun güzide ashabı, o saadet asrının en kıymetli ziynetleri olmuşlardır.

25 Tirmizî, Birr, 75.

26 Tirmizî, Birr, 15; Ebû Davud, Edep, 66.

Genelde bütün ashap özelde Resûl-i Ekrem'in [sallallahu aleyhi vesellem] etrafında pervane olan sahabe efendilerimiz, îlâ-yı kelimetullah uğrunda canlarını ve mallarını sarfetme bahtiyarlığına ermişler ve kendilerinden sonra gelecek olan ümmet-i Muhammed'e örnek olmuşlardır. Bu bakımdan, iman şerefine nail olmuş her müslüman, yüce dinimizin bugünlere intikalinde mühim hizmetleri bulunan ashâb-ı güzîn efendilerimize hürmet ve muhabbet duygularıyla dolu olmalıdır.

Sahabe efendilerimiz hem yaşadıkları zamanın hem de kendilerinden sonrakiler için yolu aydınlatan yıldızlar, kandiller olmuşlardır. Onlara tutunan yolunu bulmuş, bırakan kaybetmiştir.

Onlar Allah ve Resûlü'ne büyük bir muhabbet ve teslimiyet içinde İslâm'ın ipine sımsıkı sarıldılar. Cesaretleri, azim ve kararlılıkları, iman kuvvetleri, Allah'a ve Resûlü'ne olan kayıtsız şartsız sadakatleri, en zor şartlar altındayken bile yalnızca Allah'ın rızasını gözetmeleri, Resûlullah'ın [sallallahu aleyhi vesellem] nefsini kendi nefislerinden üstün tutmaları sebebiyle, kıyamete dek müminlerin gönüllerinde taht kurmuşlardır. Sahabiler geçmiş hayatlarını bir an bile düşünmeden arkalarında bırakmış, toplumun tüm tehdit ve baskılarına rağmen Allah Resûlü'nün hak dinine uymuşlardır. Onlar Allah'ın rızasını kazanabilmek için her türlü zorluğu, sıkıntıyı severek göze almışlardır.

Onlar yürüyen Kur'an olmuşlar, Kitab-ı Mübîn'i hayat düsturu edinmişlerdir. Nitekim Yermük

Savaşı'nda kendisi de susuz olduğu halde diğer mümin kardeşlerini nefsine tercih ederek suyu önce onlara götürün deyip, ardından bir yudum suya hasret kalarak şehadet şerbetini içen İkrime [radıyallahu anh] mushafı almış, yüzüne gözüne sürmüş ve, "Rabbim'in kelâmı! Rabbim'in kitabı!" diyerek ağlamıştır.[27]

Müslüman olan ilk sahabiler arasında güçlü kabilelere mensup kişiler olduğu gibi, müşriklerin kölesi oldukları için zayıf olan kimseler de bulunuyordu. Bu kimseler, Müslümanlığı kabul edip Resûlullah'ın [sallallahu aleyhi vesellem] davetine uydukları öğrenildiğinde kendilerine her türlü sözlü ve fiilî saldırı, iftira, eziyet ve işkencenin yapılabileceğini çok iyi biliyorlardı. Hatta Bilâl-i Habeşî, Ammâr b. Yâsir, Sümeyye [radıyallahu anhüm] gibi pek çok zayıf ve güçsüz sahabinin işkence ve eziyete maruz kaldıklarını, kimilerinin bu işkenceler sonucunda şehid olduklarını görmelerine rağmen Hz. Peygamber'in [sallallahu aleyhi vesellem] davetine tereddütsüz icabet etmişlerdir. Onlar hak dinin ve güzel ahlâkın insanlar arasında yayılması için ihlâsla hareket etmişler, Allah rızasını hedefledikleri için ölümü ve yaralanmayı bile birer güzellik olarak görmüşlerdir.

Sahâbe-i kirâm Mekke'nin fethine kadar olan süre içinde şiddetli bir korku, açlık ve baskılarla mücadele etmek zorunda kalmışlar, uygulanan türlü türlü ambargolar sebebiyle çoğu zaman yiyecek hiçbir şey bulamayacak kadar ciddi boyut-

---

27 Hâkim, *el-Müstedrek*, 3/272.

larda bir açlığa, susuzluğa, soğuğa ve bunların yol açtığı hastalıklara karşı mücadele etmek zorunda kalmışlardır.

Asr-ı saâdet'te Resûlullah Efendimiz [sallallahu aleyhi vesellem] genç sahabilere büyük önem vermiş, onları tebliğ ve irşad faaliyetleri dahil, devlet teşkilatının en üst kademelerine kadar hemen her alanda görevlendirmiştir. Gençler ise Allah Resûlü'nü hiçbir zaman mahcup etmemişler, onun güvenini boşa çıkarmamışlar ve kendilerine verilen çok ciddi dinî ve idarî görevleri hakkıyla yerine getirmişlerdir.

Hz. Peygamber [sallallahu aleyhi vesellem], tebliğe başladığı ilk andan itibaren kadın-erkek, genç-ihtiyar, zengin-fakir, hür-köle ayrımı yapmaksızın tüm insanları İslâm'a davet etmiştir. Nitekim ilk müslümanlara bakıldığında içlerinde toplumun her kesiminden fertlerin yer aldığı ancak, bu fertler arasında gençlerin çoğunlukta olduğu görülmektedir. Birkaçı müstesna Mekke'nin yaşlıları, İslâm dinini kabul etmede ve Resûlullah'a [sallallahu aleyhi vesellem] gönül vermede bir müddet çekimser kaldılar. İlk müslümanlardan Hz. Ali, Hz. Zeyd, Hz. Cafer, Hz. Zübeyr, Habbâb b. Eret, Osman b. Maz'ûn, Sa'd b. Ebû Vakkas, Talha b. Ubeydullah, Abdullah b. Mesud ve daha niceleri gençtiler [Allah onlardan razı olsun]. Resûl-i Ekrem'in [sallallahu aleyhi vesellem] davetine ilk icabet edenler genç erkekler ve genç hanımlardı. Peygamber Efendimiz'in kızları, Hz. Ebû Bekir'in kızları bunların birkaçıdır.

Gençlerin İslâm dinine rağbeti o kadar fazla olmuştur ki hicret sırasında Ubeyde b. Hâris gibi oldukça yaşlı bir iki kişi dışında, İslâm mensuplarının büyük çoğunluğu müslüman oldukları zaman otuz yaşın altındaydı. En nüfuzlu ailelerin, en nüfuzlu soyların gençleri İslâm'a koşup, kutlu davasında Allah'ın elçisine destek ve yardımcı olmuşlar, onu en olumsuz şartlar altında bile yalnız bırakmamışlardır.

Asr-ı Saâdet Gençleri

İslâm'ın yayılmasında Resûlullah'a [sallallahu aleyhi vesellem] asıl desteği veren gençler olmuştur. Mesela genç yaşta İslâm'ı kabul edenlerden Hz. Ali on, Zeyd b. Hârise on beş, Abdullah b. Mesud ve Zübeyr b. Avvâm on altı, Talha b. Ubeydullah, Abdurrahman b. Avf, Erkam b. Ebü'l-Erkam ve Sa'd b. Ebû Vakkas on yedi, Mus'ab b. Umeyr on sekiz-yirmi, Abdullah b. Ömer on üç, Cafer b. Ebû Tâlib yirmi iki, Osman b. Huveyris, Osman b. Affân, Ebû Ubeyde ve Hz. Ömer yirmi beş-otuz bir yaşları arasındaydılar [Allah onlardan razı olsun]. Bunların dışında genç yaşta İslâm'ı kabul eden daha pek çok sahabi olmuştur. Bu sahabiler arasında gerek Resûlullah'ın [sallallahu aleyhi vesellem] hayatında gerekse onun vefatından sonraki dönemlerde çok önemli vazifeler üstlenenler olmuş, içlerinden valiler, komutanlar çıkmıştır.

FÜTÜVVET SERDARI

HZ. ALİ [k.v]

Hz. Ali'nin [kerremallahu vechehû] babası, Resûlullah Efendimiz'in [sallallahu aleyhi vesellem] sekiz yaşından itibaren yanında kaldığı Ebû Tâlib, annesi yine Resûl-i Ekrem'in [sallallahu aleyhi vesellem] "annemden sonra annem" diye hitap ettiği Fâtıma bint Esed'dir. Hz. Ali [kerremallahu vechehû] beş yaşından Allah Resûlü vefat edene kadar onun yanından ayrılmamış, hayatını onun davasına adamıştır.

Hz. Ali [kerremallahu vechehû], Hz. Hatice'den [radıyallahu anhâ] sonra İslâm'ın ilk mensubu olma şerefini kazanmıştır; müslüman olduğunda ise henüz on yaşlarındaydı. Onun ağabeyi Cafer b. Ebû Tâlib de [radıyallahu anh] ilk müslümanlardandı.

Hz. Ali [kerremallahu vechehû] sahabilerin en cesuruydu. Bu sebeple ona "Esedullah" yani "Allah'ın aslanı" lakabı verilmişti. Resûlullah'a [sallallahu aleyhi vesellem] hicret için müsaade edilince, her tehlikeyi göze alarak Allah Resûlü'nün yatağına yattı. Siyer ve tarih kitapları Hz. Ali'nin [kerremallahu vechehû] genç yaşta gösterdiği bu şecaat örneğini şöyle aktarır:

Mekke döneminde müşrikler özellikle gençlerin İslâmiyet'i kabul etmelerinden rahatsız oluyorlar, kendileri için bir tehdit olarak görüyorlar ve bunun önünü alabilmek için çeşitli toplantılar yapıyorlardı. Bu vesileyle bir toplantı daha düzenlediler. İçlerinden biri,

- Onu demir parmaklıklar içine hapsedin. Üzerine kapıyı kilitleyin, dedi. Necidli ihtiyar bir adam,

- Hayır, bu isabetli bir görüş değil. Eğer onu hapsederseniz, elbette onun tebliğleri kapının ötesine çıkar. Siz, ashabına karşı onun kapısını kapatırsanız, yakında size saldırırlar ve sizi yenecek kadar çoğalırlar. Onu, sizin elinizden kurtarırlar. Hapsetmek iyi bir çözüm değil! Başka bir şey düşünün ve müşaverenizi yapın, dedi.

Bir başka müşrik,

- Onu aramızdan çıkaralım ve memleketimizden uzaklaştıralım. Bizden ayrıldığı zaman nereye giderse gitsin ve nereye düşerse düşsün, karışmayız, yeter ki bizden uzak olsun. Böylece biz, ondan kurtulalım, işlerimiz eski haline döner, dedi.

Bunun üzerine Necidli ihtiyar tekrar,

- Hayır, bu da olmaz! Onun güzel sözlerini ve tatlı konuşmasını görmüyor musunuz? Yaptığı şeylerle adamların gönüllerini kazanır. Eğer bunu yapsanız, Araplar'dan bir kabilenin himayesine girip girmeyeceğinden nasıl emin olursunuz! Çünkü o bir kabileye giderse sözleriyle onları etkiler. Nihayet onlar da ona uyarlar. Sonra onlarla birlikte size gelir ve memleketinizde sizi ezip geçerler. Böylece işinizi elinizden alır, sonra size dilediğini yapar. Onun hakkında bundan başka bir görüş belirleyin, dedi. Bunun üzerine Ebû Cehil,

- Ben onun hakkında daha önce değinmediğiniz bir görüş bildirmek istiyorum, dedi. Devamla,

- Görüşüm şu ki her kabileden kuvvetli, kavmi arasında şerefli, nesebi yüksek genç birer adam alalım. Sonra onlardan her birine keskin birer kılıç verelim. Gitsinler ve o kılıçlarla bir tek adamın vuruşu gibi Muhammed'e vursunlar. Böylece biz de ondan kurtulalım. Zira onlar, onu öldürdüklerinde onun kanı, kabilelerin hepsinin üzerine dağılır. Abdümenâfoğulları, bütün kavimlerle savaşmaya güç yetiremez. Diyet ödememize razı olurlar. Biz de onlara, Muhammed'in diyetini öderiz, dedi.

Bunun üzerine Necidli ihtiyar,

- İşte, söz bu adamın sözüdür. Bu görüşten başka bir görüşü tasvip etmem, dedi.

Böylece müşrikler Ebû Cehil'in bu fikri üzerinde ittifak edip dağıldılar. Bu esnada Cebrâil [aleyhisselâm], Resûlullah'a [sallallahu aleyhi vesellem] gelip,

- Bu gece yatağında yatma, dedi.

Gecenin ilk üçte biri geçtiğinde, Hz. Peygamber'i [sallallahu aleyhi vesellem] öldürmek üzere karar alan Mekke müşrikleri onun kapısında toplandılar. Onun uykuya dalmasını kolluyorlardı. Resûlullah [sallallahu aleyhi vesellem], onların dışarıda toplandıklarını farkedince Hz. Ali'ye [kerremallahu vechehû] şöyle dedi:

- Benim yatağımda yat. Benim şu yeşil Hadramî cübbemle örtün ve içinde uyu. Sana hoşlanmadığın hiçbir şey dokunmayacaktır, dedi. Resûl-i Ekrem [sallallahu aleyhi vesellem] hep bu cübbenin içinde uyurdu.

Mertlik, yiğitlik, cömertlik ve yardımseverlik ruhunun eşsiz örneği genç sahabi Hz. Ali [kerremallahu vechehû] Peygamber Efendimiz'in emri üzerine hiç tereddüt etmeden cübbeyi üzerine örttü ve yattı. Resûlullah da [sallallahu aleyhi vesellem] evden çıkarken bir avuç toprak aldı. Bu esnada Cenâb-ı Hak, müşriklerin gözlerine perde çekti. Allah Resûlü'nü göremez oldular. O da elindeki toprağı üzerlerine savurarak şu âyeti okudu:

"Yâsîn, Kur'ân-ı Hakîm'e yemin ederim. Şüphe yok ki sen, elbette (peygamber) gönderilmiş olanlardansın. Doğru yol üzerindesin. Kur'an, ataları uyarılmamış, bu yüzden de gaflet içinde olan bir kavmi uyarman için mutlak güç sahibi, çok merhametli Allah tarafından indirilmiştir. Andolsun ki onların çoğu cezayı hak etmişlerdir. Çünkü onlar iman etmiyorlar. Onların boyunlarına demir halkalar geçirdik, o halkalar çenelerine dayanmıştır. Bu sebeple kafaları yukarıya kalkık durumdadır. Biz onların önlerine bir set, arkalarına da bir set çekip gözlerini perdeledik. Artık görmezler. Onları uyarsan da uyarmasan da onlar için birdir, inanmazlar" (Yâsîn 36/1-9).

Savurulan toprak, orada bulunanların tamamına isabet etmişti. Ardından Resûlullah [sallallahu aleyhi vesellem] gitmek istediği tarafa yönelerek yola çıktı. Sonradan kapının önünde bekleyenlerin arasında bulunmayan biri gelip,

- Burada ne bekliyorsunuz, diye sordu. Onlar da,

- Muhammed'i bekliyoruz, dediler. Adam,

- Siz burada boşuna bekliyorsunuz! Muhammed çıkıp gitti. Hepinizin başına da toprak savurdu. Başınızda neler olduğunu görmüyor musunuz, dedi. Her biri elini başına götürdüğünde başında toprak olduğunu gördüler. Sonra saadet penceresinden içeri bakmaya başladılar. Hz. Ali [kerremallahu vechehû], Resûlullah'ın cübbesine bürünmüş uyuyordu.

- Yemin olsun ki Muhammed uyuyor! İşte üzerinde de cübbesi var, dediler ve içeri girdiler. Yatakta Resûl-i Ekrem [sallallahu aleyhi vesellem] yerine Hz. Ali'yi [kerremallahu vechehû] görünce çıkıp gittiler.

İşte Hz. Ali [kerremallahu vechehû] Resûlullah Efendimiz'in [sallallahu aleyhi vesellem] yatağına yatmayı göze alarak kendi hayatını tehlikeye atmış, daha sonra yalnız başına hicret etmek zorunda kalmıştır. Gündüz saklanıp gece yol alarak Medine'ye ulaştığında ayakları su toplamış ve mescide gelemeyecek şekilde şişmiştir. Bunun üzerine Hz. Peygamber [sallallahu aleyhi vesellem] onun yanına gelmiş, ayaklarını okşayarak dua etmiştir. Hatta, *"İnsanlardan öyleleri vardır ki, Allah rızası için kendi nefislerini feda ederler ..."* (Bakara 2/207) mealindeki âyetin, Hz. Ali'nin [kerremallahu vechehû] bu fedakârlığı üzerine indiği rivayet edilmiştir.

Hz. Ali [kerremallahu vechehû] hicretten iki yıl sonra Resûlullah Efendimiz'in [sallallahu aleyhi vesellem] kızı Hz. Fâtıma [radıyallahu anhâ] ile evlenmiş, böylece Resûlullah'ın nesli onun soyundan devam etmiştir.

Hem Hz. Ali [kerremallahu vechehû] hem de onun mübarek hanımı ve ayrıca Resûlullah Efendimiz'in [sallallahu aleyhi vesellem] kızı Hz. Fâtıma [radıyallahu anhâ] zühd ve takvada, cömertlik ve ihsanda, fakir ve yoksulları kendi nefislerine tercih etmelerinde müslümanların rehberiydiler.

Bir gün Hz. Ali [kerremallahu vechehû], eşi Hz. Fâtıma [radıyallahu anhâ] validemize, arpadan yapılan çok sevdiği bir yemeği hazırlamasını istemişti. Hz. Fâtıma da [radıyallahu anhâ] bu yemeği yaparak üçe bölmüştü. Üçte birlik ilk bölümü yiyecekleri sırada kapılarını bir yoksul çaldı. Onlar önlerindeki yemeğin tamamını bu yoksula verdiler. Daha sonra diğer üçte birlik bölümü yemeye hazırlanırlarken bu defa kapı bir yetim tarafından çalındı. Önlerindekini bu yetime verdiler. Geri kalan kısmı yemeye hazırlanırlarken bu sefer kapıyı bir esir çaldı ve önlerindekinin tamamını bu esire verdiler.

Onların bu davranışından dolayı şu âyet-i kerime nâzil olmuştu: *"Kendileri de ihtiyaç duydukları halde yiyeceklerini, sırf Allah'ın rızasına ermek için fakire, yetime ve esire ikram ederler"* (İnsân 76/8).

Hz. Ali [kerremallahu vechehû], başta Bedir, Uhud, Hendek ve Hayber olmak üzere hemen hemen bütün savaşlara katılmış ve Hz. Peygamber'in [sallallahu aleyhi vesellem] sancaktarlığını yapmış ve vahiy kâtipliğinde bulunmuştur.

Hz. Ali [kerremallahu vechehû] devamlı olarak Resûlullah'ın [sallallahu aleyhi vesellem] yanında bulunduğu için tefsir, hadis ve fıkıhta sahabenin ileri gelenlerindendi. Resûl-i Ekrem'in [sallallahu aleyhi vesellem] tabiriyle "ilim beldesinin kapısı" olarak ümmetin en bilginiydi. Hz. Ali [kerremallahu vechehû], Hz. Peygamber'den [sallallahu aleyhi vesellem] sonra bütün ashâb-ı kirâmın en âlimi, en fakihi idi. Fıkhî meselelerin çözümünde büyük bir ictihad kudretine sahipti. Hz. Ebû Bekir, Hz. Ömer, Hz. Osman [radıyallahu anhüm] gibi sahabenin büyükleri daima ilmî, fıkhî meselelerde kendisiyle müzakere ve istişarede bulunurlardı. Fıkhî bir meseleyi çözmesi üzerine Hz. Ömer [radıyallahu anh], "Şayet Ali olmasaydı, Ömer helâk olurdu" diyerek Hz. Ali'nin [kerremallahu vechehû] ilimde ne kadar derin ve mahir olduğunu ikrar etmiştir. Abdullah b. Abbas [radıyallahu anh] onun hakkında, "Allah ilmin onda dokuzunu Ali'ye verdi. Kalan onda birinde de onu insanlara ortak yaptı" demiştir.

RESÛLULLAH'IN SEVDİĞİ GENÇ

CÂBİR b. ABDULLAH [r.a]

Câbir b. Abdullah [radıyallahu anh] milâdî 607 yılında Medine'de dünyaya geldi. Babası, Uhud Gazvesi'nde ilk şehid düşen sahabi olan Abdullah b. Amr'dı. Câbir b. Abdullah [radıyallahu anh] İkinci Akabe Biatı'na katılan yetmiş kişilik Medineli gruba babasıyla birlikte katılmıştı. Hatta onun Akabe biatına katılanlar arasındaki en küçük kişi olduğu bile rivayet edilmektedir.

Câbir [radıyallahu anh] o zamanlar yaşının küçük olması sebebiyle Bedir Gazvesi'ne iştirak edemedi. Daha sonra Uhud Savaşı'na katılmak için Resûlullah'tan [sallallahu aleyhi vesellem] izin istedi. Peygamber Efendimiz [sallallahu aleyhi vesellem] ona gidip babasından izin aldığı takdirde savaşa katılabileceğini söyledi. Heyecanlı bir şekilde babasına gitti. Ancak babası geride yedi kız kardeşini himaye edecek başka biri olmadığı için onun savaşa iştirakine izin vermedi. Bu sebeple Câbir [radıyallahu anh] çok arzu etmesine rağmen Uhud Savaşı'na katılamadı. Fakat bundan sonra Câbir [radıyallahu anh] Resûl-i Ekrem'in katıldığı bütün savaşlara iştirak etti.

Hz. Peygamber [sallallahu aleyhi vesellem] Câbir b. Abdullah'ı [radıyallahu anh] çok severdi. Câbir'in [radıyallahu anh] babası Abdullah pek çok borç üzerinde olduğu halde vefat etmiş, miras olarak ise çok az bir mal bırakmıştı. Ancak küçücük bir hurma bahçesine sahip olan Câbir'in [radıyallahu anh] bahçesindeki hurmaların geliri birkaç senede bile babasının borcunu ödeyebilecek durumda değildi. Çoğu yahudi olan alacaklılar ise hurmaların toplanma zamanı gelince Câbir'in [radıyallahu anh] kapısını çalmaya başladılar. O da hurma bahçesinden başka gelirleri olmadığını ve o yılki mahsulün borcunu karşılamaya yetmeyeceğini görünce durumunu Resûlullah'a [sallallahu aleyhi vesellem] bildirdi. Bunun üzerine Allah Resûlü Câbir'in [radıyallahu anh] bahçesine gelerek toplanmış hurmaları birkaç öbek halinde yığdırdı. Sonra da bunlardan en büyük öbeğin yanına oturarak ölçeği eline aldı ve alacaklılardan herkese alacağı miktarda hurma vermeye başladı. Resûl-i Ekrem'in [sallallahu aleyhi vesellem] bir mucizesi olarak Câbir'in [radıyallahu anh] bütün borçları ödendikten sonra hurmaların hiç eksilmediği görüldü. [28]

Genç yaşta müslüman olan ve Resûlullah'ın [sallallahu aleyhi vesellem] muhabbetini kazanan Câbir b. Abdullah [radıyallahu anh] Allah Resûlü'nden ve sahabenin pek çoğundan hadis rivayet etmiştir. 1000'den fazla hadis nakleden altı sahabiden (müksirûn) biri olarak hadis külliyatında yer almıştır. Aynı zamanda Medine'de fetva veren sahabiler arasında yer alan Câbir'in [radıyallahu anh] verdiği fetvalar bir küçük cüz tutacak hacme ulaşmıştır.

Mescid-i Nebevî'de bir ilim meclisi oluşturan Câbir'den [radıyallahu anh] faydalanan tâbiîler arasında oğulları Abdurrahman, Akıl ve Muhammed ile Saîd b. Müseyyeb, Atâ b. Ebû Rebâh, Hasan-ı Basrî, Muhammed b. Münkedir, Bilâl b. Sa'd, Mücâhid, Şa'bî, Tâvûs b. Keysân ve Muhammed el-Bâkır [radıyallahu anhüm] gibi âlimler vardır.

---

28 Buhârî, Vesâyâ, 36, Megâzî, 18.

ALLAH KORKUSUNDAN CİĞERİ PARÇALANAN GENÇ SAHABİ SEHL b. SA'D [r.a]

Sehl b. Sa'd [radıyallahu anh] ensardan genç bir delikanlıydı. Kalbini Allah korkusu büsbütün sarmıştı. Öyle ki yanında cehennem anılmaya başlandığı an hemen ağlamaya başlıyordu. Neticede kendisini eve kapattı. Onun bu durumu Resûlullah'a bildirilince Resûl-i Ekrem [sallallahu aleyhi vesellem] sahabileriyle birlikte evine gitti. Eve girince gencin boynunu kucakladı. Fakat genç o anda hem Hz. Peygamber'i görmenin heyecanı ve hem içinde yanıp tutuşan Allah korkusu sebebiyle Allah Resûlü'nün kucağında vefat edip yere yığıldı. Resûlullah [sallallahu aleyhi vesellem],

- *Arkadaşınızı cenaze namazı için hazırlayınız. Allah korkusu onun ciğerini parça parça etmiş,* buyurdu. [29]

Hadiseyi anlatan bir diğer rivayette Resûl-i Ekrem [sallallahu aleyhi vesellem] sözlerine şöyle devam etmiştir: *"Nefsimi kudret elinde bulunduran Allah'a yemin olsun ki Allah onu ateşten korumuştur. Bir şeyi elde etmek isteyen kimse onu aramalı, arzulamalıdır. Bir şeyden de korkan kimse ondan kaçmalıdır."* [30]

---

29 Hâkim, *el-Müstedrek*, 2/494.

30 Ali el-Müttakî, *Kenzü'l-Ummâl*, nr. 8526.

RESÛLULLAH'IN MEKTUPÇUSU

ZEYD b. SÂBİT [r.a]

Zeyd b. Sâbit [radıyallahu anh] hicretten yaklaşık on bir yıl önce dünyaya gelmiştir. Babası Sâbit, Câhiliye döneminde Buâs Savaşı'nda öldürüldüğü zaman Zeyd [radıyallahu anh] henüz çocuktu. Resûlullah [sallallahu aleyhi vesellem] Medine'ye geldiği zaman Zeyd, on bir yahut on üç yaşlarında olduğunu bildirmektedir. Nitekim Resûl-i Ekrem [sallallahu aleyhi vesellem], Bedir Savaşı'na katılmak isteyen birkaç genci, yaşları küçük olduğu için geri çevirmişti ki Zeyd de bu gençler arasındaydı. [31]

Zeyd b. Sâbit [radıyallahu anh] çok akıllı, zeki ve hafızası güçlü bir sahabi idi. Onun bu meziyetini farkeden Hz. Peygamber [sallallahu aleyhi vesellem], Zeyd'den İbrânîce ve Süryânîce'yi öğrenmesini istedi. Zira Resûlullah'a [sallallahu aleyhi vesellem] çeşitli yerlerden, bu dillerle yazılmış mektuplar geliyor ve bunların okunup anlaşılması, gerektiğinde cevap verilmesi gerekiyordu.

Zeyd b. Sâbit [radıyallahu anh] şöyle anlatıyor: Hz. Peygamber [sallallahu aleyhi vesellem] Medine'ye hicret ettiklerinde beni onun huzuruna götürerek, "Ey Allah'ın resûlü! Bu genç Neccâroğulları kabilesin-

31 İbnü'l-Esîr, *Üsdü'l-Gâbe*, 2/278.

den olup sana indirilen Kur'an'ın on yedi sûresini ezberlemiştir" dediler. Bunun üzerine Resûl-i Ekrem [sallallahu aleyhi vesellem] bana Kur'an okuttular ve bundan çok hoşlandılar. Bana,

"Ey Zeyd! Benim için yahudilerin yazısını öğren. Çünkü bu dilde mektup yazdırmam gerektiğinde onlara güvenemiyorum" buyurdular. Böylece ben bu dil üzerinde çalışmaya başladım ve daha ayın yarısı olmadan onu güzelce öğrendim. Bundan sonra Resûlullah [sallallahu aleyhi vesellem] onlara mekötup yazmak istediklerinde bunu bana yazdırıyor ve onlardan gelen mektupları da bana okutuyorlardı.

Zeyd b. Sâbit [radıyallahu anh], ashabın en âlimlerinden biriydi. Sadecè Kur'ân-ı Kerîm'i ezberlemekle kalmamış, mirasla ilgili ferâiz ilmini de çok iyi öğrenmişti. Öyle ki ashap arasında bu ilmi ondan daha iyi bilen yoktu. Hz. Peygamber [sallallahu aleyhi vesellem] ashabına, *"Ferâizi en iyi bilen Zeyd'dir"* diyordu. [32]

Gerek Hz. Ömer gerekse Hz. Osman [radıyallahu anhümâ], Medine'den ayrıldıkları zaman Zeyd b. Sabit'i vekil bırakırlardı. Zeyd b. Sâbit [radıyallahu anh] gençlik dönemlerinde ilim tahsiliyle meşgul oldu, özellikle ferâiz (miras hukuku) kazâ, fetva ve kıraat dallarında imam derecesine geldi. İbn Abbas [radıyallahu anh] bizzat onun evine gelir ve Zeyd'in bildiklerini öğrenmeye çalışırdı ve, "İlim gelmez, ilme gidilir" derdi. Zeyd b. Sâbit [radıyallahu anh] bir cenazeden sonra bineğine biniyordu. Abdullah b.

---

32 İbn Hallikân, *Vefeyâtü'l-A'yân*, 2/223.

Abbas [radıyallahu anh] hemen yanaşarak binmesi için bineğinin üzengisini tuttu. Zeyd [radıyallahu anh],

"Ey Resûlullah'ın amcaoğlu, lütfen bırak, böyle yapma!" dedi. İbn Abbas [radıyallahu anh],

"Biz âlimlerimize böyle davranmakla emrolunduk" dedi. Zeyd b. Sâbit de hemen İbn Abbas'ın [radıyallahu anhümâ] elinden tutup öptü ve,

"Biz de Resûlullah'ın [sallallahu aleyhi vesellem] Ehl-i beyt'ine karşı böyle davranmakla emrolunduk" dedi.[33]

Zeyd b. Sâbit [radıyallahu anh] daha Resûl-i Ekrem [sallallahu aleyhi vesellem] hayatta iken Kur'ân-ı Kerîm'i ezberleyip ona okuyanlardan biridir. O hem Hz. Ebû Bekir hem de Hz. Osman [radıyallahu anhümâ] zamanında sûrelerin bir mushafta toplanması, mushafın çoğaltılarak büyük merkezlere gönderilmesi işlerini yürüten heyete başkanlık etmiştir.

---

33 Kuşeyrî, *Risâle*, s. 148.

HIBBÜ RESÛLULLAH

ÜSÂME b. ZEYD [r.a]

Üsâme b. Zeyd [radıyallahu anh] Hz. Peygamber'in [sallallahu aleyhi vesellem] âzat ettiği kölesi Zeyd b. Hârise'nin oğludur.

Üsâme'nin [radıyallahu anh] annesi Ümmü Eymen [radıyallahu anhâ] Resûlullah'ın [sallallahu aleyhi vesellem] dadısı idi. Üsâme'nin babası Zeyd [radıyallahu anh] ise Peygamber Efendimiz'in [sallallahu aleyhi vesellem] hanımı Hz. Hatice'nin [radıyallahu anhâ] kölesiydi. Hz. Hatice Peygamberimiz'le evlenince, Zeyd'i kendisine hediye etti. Resûlullah da onu âzat edip Ümmü Eymen'le evlendirmişti. İşte Üsâme [radıyallahu anh], bu evlilik sonucu dünyaya geldi.

Üsâme [radıyallahu anh] Resûlullah Efendimiz'e [sallallahu aleyhi vesellem] peygamberliğin verilişinin dördüncü yılında Mekke'de dünyaya geldi. Resûl-i Ekrem [sallallahu aleyhi vesellem] vefat ettiğinde de on sekiz-yirmili yaşlarda idi.

Hz. Peygamber [sallallahu aleyhi vesellem] Üsâme'yi ve babasını çok severdi. Bu nedenle kendisine, "Resûlullah'ın sevdiği" anlamına gelen "Hıbbü Resûlullah" yahut "el-Hıbbü İbnü'l-Hubbi" denirdi. Hz. Âişe'den [radıyallahu anhâ] rivayet edilen bir hadiste Resûl-i Ekrem'in [sallallahu aleyhi vesellem] Üsâme'yi daha çocuk iken dahi ne kadar sevdiğini gösterir: Hz. Âişe [radıyallahu anhâ] anlatıyor: "Bir gün Üsâme'nin ayağı kapının eşiğine takılarak yere düştü ve yüzü yaralandı. Resûlullah [sallallahu aleyhi vesellem] bana, *'Yüzündeki yarayı temizle'* buyurdu. Bunun üzerine ben de yüzünü temizlemeye başladım. Bu esnada Resûlullah da [sallallahu aleyhi vesellem] yüzündekileri emerek tükürmeye başladı." [34]

Üsâme [radıyallahu anh] birçok sahabi gibi, küçük yaştan itibaren savaşlara katılmayı arzulamıştır. Nitekim Uhud günü on beş yaşından küçük olmasına rağmen kendi yaşıtları olan Abdullah b. Ömer, Zeyd b. Sâbit, Berâ b. Âzib'le beraber savaşa katılmak istemiş fakat Hz. Peygamber [sallallahu aleyhi vesellem] yaşları küçük olduğu için bu isteklerini kabul etmemiş ve savaş başlamadan onları Medine'ye geri göndermiştir. Hendek günü ise savaşmalarına izin vermişti.

Üsâme [radıyallahu anh], Uhud Savaşı'ndan sonraki tüm savaşlara katıldığı gibi, birçok seriyyede de önemli görevler üstlenmiştir. Huneyn Gazvesi'nde, müslümanlar darmadağın olup sağa sola dağılmış, Resûlullah'ın [sallallahu aleyhi vesellem] etrafında ise birkaç sahabi kalmıştı. İşte bunlardan biri de Üsâme b. Zeyd'di [radıyallahu anh]. [35]

Resûl-i Ekrem [sallallahu aleyhi vesellem] hicretin 11. yılında büyük bir ordu hazırlayarak Üsâme'yi [radıyallahu anh] bu orduya kumandan tayin etti. Kendisine oraya sabahın erken saatlerinde varmasını

34 Beyhakî, *Şuabü'l-Îmân*, nr. 11017.

35 İbn Sa'd, *et-Tabakâtü'l-Kübrâ*, 2/151.

emretti. Sonra ona bir sancak vererek, *"Allah'ın ismiyle git!"* buyurdu. Sancakla birlikte huzurdan çıkan Üsâme [radıyallahu anh], onu Büreyde b. Husayb el-Eslemî'ye [radıyallahu anh] verdi. O da onu Üsâme'nin evine götürdü. Üsâme Hz. Peygamber'in [sallallahu aleyhi vesellem] emri gereğince ordugâhını Medine yakınlarındaki Cürüf denilen yere kurdurdu. Halktan hazırlıklarını tamamlayanlar gidip Üsâme'nin [radıyallahu anh] ordusuna katılıyorlardı. İlk muhacirlerden ve ensardan istisnasız herkes bu orduya katıldılar. Bunlar arasında muhacirlerden Hz. Ömer, Ebû Ubeyde b. Cerrâh, Sa'd b. Ebû Vakkas, Ebü'l-A'ver Said b. Zeyd b. Amr b. Nüfeyl; ensardan ise Katâde b. Nu'mân ile Seleme b. Eslem b. Hureyş [radıyallahu anhüm] gibi büyük sahabiler de bulunuyordu.

Muhacirlerden bazıları Üsâme'nin [radıyallahu anh] ordu kumandanlığına pek sıcak bakmadılar ve, "Nasıl oluyor da Hz. Peygamber bu kadar genç birini, aralarında ilk muhacirlerin bulunduğu böyle bir ordunun başına kumandan tayin ediyor?" dediler. Bu konuda epey tartışmalar oldu. Hz. Ömer [radıyallahu anh] bunları işittiğinde gidip onları azarladı ve sonra da gelip olan biteni Resûlullah'a [sallallahu aleyhi vesellem] haber verdi. Bunun üzerine Allah Resûlü çok celallendi. Askerlere bir konuşma yapmak için minbere çıktı. Allah'a hamdü senâlar ettikten sonra şunları söylediler:

"Ey insanlar! Duyduğuma göre Üsâme'nin ordu kumandanlığı hakkında bazı şeyler söylüyormuşsunuz. Allah'a yemin ederim ki daha önce

babasını emîr tayin ettiğim zaman ileri geri konuştuğunuz gibi bu kez de oğlunu kumandan tayin edişim için serzenişte bulunuyorsunuz! Şunu iyi biliniz ki o ikisi her zaman için hayırdadırlar. Üsâme'ye iyi davranınız; çünkü o sizin en hayırlılarınızdandır." Daha sonra Resûlullah [sallallahu aleyhi vesellem] minberden inerek evine gitti.

Rebîülevvel ayının onuncu günü ve günlerden de cumartesi idi. Üsâme [radıyallahu anh] ile gidecek olan müslümanlar gelip Hz. Peygamber'e [sallallahu aleyhi vesellem] veda ettiler. Bunların arasında Hz. Ömer de [radıyallahu anh] vardı. Resûlullah [sallallahu aleyhi vesellem] onlara, *"Ey Üsâme ordusu, gidiniz!"* buyurdu. Onların çıkışından sonra Üsâme'nin annesi Ümmü Eymen [radıyallahu anhâ] gelerek,

"Ey Allah'ın resûlü! Siz iyileşinceye kadar Üsâme'yi bekletseniz olmaz mı? Çünkü o bu şekilde giderse hiçbir şey yapamaz!" dedi. Resûl-i Ekrem [sallallahu aleyhi vesellem] bunu kabul etmedi ve Üsâme'nin ordusunun gönderilmesini emretti. Bunun üzerine orduyla gidecek olan halk ordugâha döndüler ve o geceyi orada geçirdiler. Ertesi gün ordugâha Resûlullah'ın [sallallahu aleyhi vesellem] durumunun ağırlaştığı ve baygınlık halinde bulunduğu haberi ulaştı. Bunun üzerine Üsâme [radıyallahu anh] Hz. Peygamber'i [sallallahu aleyhi vesellem] ziyaret etmek için Medine'ye geldi. Bundan sonrasını Üsâme [radıyallahu anh] şöyle anlatıyor:

"Ağlayarak içeri girdiğimde herkesin Hz. Peygamber'in [sallallahu aleyhi vesellem] etrafında toplanmış olduklarını gördüm. Eğilip onu öptüm, kendisi konuşamıyordu. Sadece ellerini göğe doğru kaldırıp sonra sanki oradan aldığı bir şeyi üzerime döker gibi indirdiler. Onun benim için dua ettiğini anlamıştım. Sonra veda edip ordugâha döndüm. Pazartesi günü sabahleyin tekrar geldim. Hz. Peygamber'in yanına girdiğimde onu daha iyi buldum. Bana, *'Allah'ın bereketiyle git!'* buyurdular.

Üsâme [radıyallahu anh] ordusuyla birlikte yola çıkacağı sırada annesi Ümmü Eymen'in [radıyallahu anhâ] gönderdiği biri gelerek Resûlullah'ın [sallallahu aleyhi vesellem] vefat etmek üzere olduğunu haber verdi. Bunun üzerine hareketten vazgeçen Üsâme [radıyallahu anh] yanına Hz. Ömer ve Ebû Ubeyde'yi de [radıyallahu anhümâ] alarak Medine'ye döndü. Resûl-i Ekrem [sallallahu aleyhi vesellem] Rebîülevvel ayının on ikinci pazartesi günü öğleden sonra dâr-ı bekâya irtihal ettiler. Ordugâhta bulunan askerler de Medine'ye döndüler. Bu sancak Hz. Ebû Bekir'in [radıyallahu anh] halife seçilmesine kadar da Üsâme'nin evinde kaldı. Biat gerçekleşip halife seçildikten sonra Hz. Ebû Bekir [radıyallahu anh], "Üsâme onu alıp savaşa gitmedikçe bu sancak açılmayacaktır" dedi. Büreyde şöyle diyor: "Sancağı Üsâme'nin evine götürdüm. Sonra sancağı alarak Üsâme ile birlikte çıktık ve Şam seferine gittik. Bütün sefer boyunca sancağı ben taşıdım. Daha sonra bu sancak vefatına kadar da Üsâme'nin evinde kaldı."

MÜFESSİRLERİN SULTANI

ABDULLAH b. ABBAS [r.a]

Resûlullah'ın [sallallahu aleyhi vesellem] amcası Hz. Abbas'ın [radıyallahu anh] oğludur. Hicretten üç yıl kadar önce Mekke'de doğmuştur. Annesi Ümmü'l-Fazl kadınlar arasında Hz. Hatice'den [radıyallahu anhâ] sonra İslâm'a girenlerdendir.

Babası Hz. Abbas [radıyallahu anh], Abdullah doğar doğmaz onu Resûlullah'a götürmüş, Allah Resûlü de onu kucağına alarak, *"Allahım! Onu dinde fakih kıl. Kitabın (Kur'an) açıklamasını (tevil) ona öğret"* [36] diye dua etmişti. Abdullah b. Abbas [radıyallahu anh] Medine'de büyüdü. Abdest almayı ve namaz kılmayı bizzat Resûlullah'tan [sallallahu aleyhi vesellem] öğrendi.

Abdullah b. Abbas [radıyallahu anh] çok kuvvetli bir zekâya, hıfza ve dirayete sahipti. Asr-ı saâdet'te yaşının küçük olmasından dolayı Resûlullah'ın [sallallahu aleyhi vesellem] evine ve özellikle teyzesi olan Hz. Meymûne'nin evine rahatça girip çıkar, diğer ashabın bilmediği ve ilk anda öğrenme imkânı bulamadığı konuları öğrenirdi. Bunun için o naklettiği hadis, tefsir, ve fıkıh ilmine vukufu ile bilinir. Abdullah b. Mesud [radıyallahu anh] onun için,

36 İbn Kesîr, *el-Bidâye*, 6/183.

"O, Kur'ân-ı Kerîm'in tercümanıdır, müfessirlerin sultanıdır" demiştir. İlminin genişliğinden dolayı zamanında o, "Ümmetin âlimi, ilim deryası" gibi lakaplarla anılırdı.

Abdullah b. Abbas [radıyallahu anh] edep ve terbiyesinden ötürü yaşlı sahabilerin bulunduğu toplantı yerlerinde onlar konuşup bir konuda fikir belirtmeden o asla konuşmaz ve söz almayı pek uygun görmezdi.

İbn Abbas [radıyallahu anh] şöyle anlatıyor: Hz. Ömer [radıyallahu anh] beni de Bedir Savaşı'nda bulunan ihtiyarlarla beraber huzuruna alıyordu. Abdurrahman b. Avf, Hz. Ömer'e [radıyallahu anhümâ],

- Bu genci bizimle beraber huzuruna alıyorsun. Halbuki bizim onun kadar çocuklarımız vardır, dedi. Hz. Ömer [radıyallahu anh],

- Bu genç sizin bildiğiniz gibi değildir, dedi. Bir müddet sonra beni çağırdı. Hz. Ömer'in [radıyallahu anh] o gün beni çağırmasının sebebi, sanıyorum ki benim bilgimi onlara göstermek içindi. Hz. Ömer'in yanına vardığım zaman Bedir ashabı da orada toplanmıştı. Onlara,

- Siz Nasr sûresi hakkında ne diyorsunuz, dedi. Bazıları,

- Allah'ın yardımı ve zafer gelince, O'na hamdetmemizi ve O'ndan günahlarımızı bağışlamasını istememizi emrediyor, dediler. Bazıları da,

- Bilmiyoruz, dediler. Bazıları ise hiçbir şey söylemedi. Hz. Ömer [radıyallahu anh] bana,

- Ey Abdullah böyle midir? Sen de böyle mi diyorsun, dedi.

- Hayır, ben öyle demiyorum, dedim. Hz. Ömer [radıyallahu anh],

- Peki, sen ne diyorsun, dedi. Ben,

- Allah Teâlâ bu sûreyi indirmekle, Hz. Peygamber'in vefatının yaklaştığını bildirdi. Yani Allah'ın yardımı ve zafer gelip insanların Allah'ın dinine akın akın girdiklerini ve Mekke'nin fethini gördüğünde artık senin vazifen sona ermiştir. Bana kavuşmaya hazırlan demek istiyor, dedim. Hz. Ömer [radıyallahu anh],

- Ben de bu sûreyi ancak senin anladığın şekilde anlıyorum, dedi.

Mekke'de yetişen birçok fakih onun vasıtasıyla yetişmiştir. Bu sebeple, "Mekke tefsir mektebi"-nin kurucusu İbn Abbas'tır denilir.

CÜLEYBİB ve HANIMI [r. anhümâ]

Cüleybib, on beş-on altı yaşlarındayken henüz İslâm ahlâkını tam bilmediğinden sürekli çevredeki kadınları rahatsız ediyordu. Fakat bu davranışının yanlış olduğunu öğrenip, Hz. Peygamber'in [sallallahu aleyhi vesellem] hayır duasını aldıktan sonra, Medine'nin en hayırlı gençlerinden biri haline geldi.

Ensar, kızlarını yahut oğullarını evlendirecekleri zaman Hz. Peygamber [sallallahu aleyhi vesellem] ile istişare ederlerdi. Resûlullah'ın [sallallahu aleyhi vesellem], evlatlarını biriyle evlendirmek isteyip istemediğini öğrenmeden onları evlendirmezdi. Bir gün Resûl-i Ekrem [sallallahu aleyhi vesellem] ensardan bir kişiye,

- *Kızını senden istiyorum,* dedi. Kızın babası,

- Bu ne güzel, ne şeref bahşeden bir teklif ey Allah'ın elçisi, dedi. Resûlullah [sallallahu aleyhi vesellem] adamın yanlış anladığını, kızı kendisi için istediğini sandığını görünce,

- *Ben kendim için istemiyorum,* dedi. Adam hayret içinde,

- Peki, ya kimin için istiyorsun ey Allah'ın elçisi, diye sordu? Resûl-i Ekrem [sallallahu aleyhi vesellem],

- *Ben onu Cüleybib için istiyorum,* buyurdular. Bunun üzerine adam,

- Kızın annesiyle istişare edip size haber veririm ey Allah'ın resûlü, dedi. Sonra da hanımının yanına vararak,

- Resûlullah [sallallahu aleyhi vesellem] kızımızı istiyor, dedi. Kadın,

- Ne güzel, güzümüz aydın oldu; hemen verelim, dedi. Adam,

- Resûlullah [sallallahu aleyhi vesellem] kendisi için istemiyor; onu Cüleybib'e istiyor, deyince kadın,

- Bizde Cüleybib'e verecek kız yoktur. Allah'ın zatına yemin ederim ki biz onu Cüleybib'le evlendirmeyiz, dedi. Adam kızın annesinin sözlerini Hz. Peygamber'e [sallallahu aleyhi vesellem] haber vermek üzere kalkmak istediğinde kızı,

- Beni sizden kim istiyor, diye sordu. Kadın, kocasının getirdiği teklifi kızına söyledi. Kızı,

- Allah Resûlü'nün isteğini ret mi ediyorsunuz? Hayır, beni ona verin; ben razı oldum ve Resûlullah'ın isteğini kabul ediyorum. O, benim zararıma olacak bir şeyi yapmaz" dedi ve, *"Allah ve Resûlü bir işe hüküm verdiği zaman, inanmış bir erkek ve kadına o işi kendi isteklerine göre seçme hakkı yoktur. Her kim Allah ve Resûlü'ne karşı gelirse apaçık bir sapıklığa düşmüş olur"* (Ahzâb 33/36) âyetini hatırlattı. Böylece adam Resûl-i Ekrem'in [sallallahu aleyhi vesellem] yanına dönerek olup biteni anlattı ve,

- Kızımı Cüleybib'le evlendirebilirsiniz, dedi. Hz. Peygamber de [sallallahu aleyhi vesellem] onu Cüleybib'le [radıyallahu anh] evlendirdi.

Resûlullah [sallallahu aleyhi vesellem] onların evliliği için, *"Allahım! Onların üzerine rahmet, bereket ve hayrını saçtıkça saç ve onların geçimlerini geniş eyle, darlık ve sıkıntı verme!"* diye dua etmişti.

Bu evlilikten bir müddet geçmişti ve Hz. Peygamber [sallallahu aleyhi vesellem] sahabileriyle birlikte bir gazveden dönüyordu. Ashabına,

- *Arkadaşlarınızdan herhangi bir kayıp verdiniz mi,* diye sordu. "Evet!" dediler "Falanca, falanca ve falanca!" Resûlullah [sallallahu aleyhi vesellem] yine sordu:

- *Başka bir kaybınız var mı*? Ashap,

- Evet! Falanca, falanca, falanca, dediler. Hz. Peygamber [sallallahu aleyhi vesellem] yine sordu:

- *Başka bir kaybınız yok mu?* "Hayır, yok!" dediler. Resûl-i Ekrem [sallallahu aleyhi vesellem],

- *Ama ben Cüleybib`i kaybettim, onu göremiyorum, arayın bulun,* diye emretti. Sahabiler arayıp buldular; öldürmüş olduğu yedi kişinin yanında bulundu. Düşmanlar onu şehid etmişlerdi. Resûlullah [sallallahu aleyhi vesellem] gidip başucunda durdu ve,

- *O, yedi kişiyi öldürmüş, onlar da onu öldürmüşler! Bu bendendir, ben de ondanım. Bu bendendir, ben de ondanım,* buyurdu. Sonra Cüleybib'i [radıyallahu anh] kolları arasına aldı ve mezarına bizzat kendi elleriyle koydu. Allah Resûlü Cüleybib'in ailesi için bolluk ve bereket duasında bulunmuştu. Öyle de oldu; ensar arasında Cüleybib'in dul hanımından daha zengin ve daha eli açık bir kadın olmamıştı. [37]

---

37 İbn Hibbân, *es-Sahîh*, nr. 4035.

RESÛLULLAH'IN HAVÂRİSİ

ZÜBEYR b. AVVÂM [r.a]

İlk müslümanlardan bir diğeri de henüz daha delikanlılık çağında İslâm'ı tercih etmiş olan ve Peygamber Efendimiz'in, kendisine "havârim" diye iltifat ettiği Zübeyr b. Avvâm'dır [radıyallahu anh].[38] Zübeyr [radıyallahu anh] Resûlullah'ın [sallallahu aleyhi vesellem] hayatta iken cennetle müjdelediği on sahabiden (aşere-i mübeşşere) biridir. Zübeyr [radıyallahu anh] müslüman olduğunda, amcası onu bir hasıra sarıyor, sonra onun üzerine ateş yakarak kendisine duman ile işkence ediyordu. Ona,

- Dinine dön, diyordu. O da,

- Ebediyen, asla kâfir olmam, diyordu. [39]

Zübeyr [radıyallahu anh] cesur bir sahabiydi. Medine'ye hicret ettikten sonra da yapılan tüm savaşlara katılmış, bütün sıkıntılı zamanlarda daima Resûlullah'ın [sallallahu aleyhi vesellem] yanında bulunmuştur.

Hicretten önce Mekke döneminde Allah için kılıcını ilk çeken zat Zübeyr b. Avvam'dır [radıyallahu anh]. O Mekke'de bir öğle vaktinde uyumakta iken, "Muhammed öldürüldü!" diye bağıran birinin sesiyle uyandı. Fırladı, kılıcını çekip dışarıya çıktı! Sonra yolda Resûlullah [sallallahu aleyhi vesellem] ile karşılaştı. O,

---

38 İbn Asâkir, *Târîhu Medîneti Dımaşk*, 18/360.

39 İbn Asâkir, *Târîhu Medîneti Dımaşk*, 18/349.

- *Ey Zübeyr! Böyle yalın kılıç nereye gidiyorsun,* diye sordu. Zübeyr [radıyallahu anh],

- Senin öldürüldüğünü işittim ey Allah'ın resûlü, dedi. Resûlullah [sallallahu aleyhi vesellem],

- *Peki, böyle bir durumda ne yapardın,* diye sordu. Zübeyr [radıyallahu anh],

- Yemin ederim ki sana bunu yapan kişiyi bulur ve onu öldürürdüm, diye cevap verdi. Bunun üzerine Resûlullah [sallallahu aleyhi vesellem] Zübeyr b. Avvâm'a dua etti. [40]

Musullu bir ihtiyar şöyle anlatıyor: Ben Zübeyr b. Avvâm'la bazı seferlerde yolculuk yaptım. Birlikte yolculuk yapıyorduk. Yıkanması gerekmişti. Bana,

- Örtü yap da yıkanayım, dedi. Ben de ona örtü yaptım. Bir ara bedenine baktım. Âzalarında pek çok kılıç izi vardı. Kendisine,

- Allah'a yemin ederim ki kimsede bu kadar çok kılıç yarası görmedim, dedim. O da bana,

- Gördün mü, dedi.

- Evet, dedim. Bana,

- Allah'a hamdolsun ki bunların hepsi Hz. Peygamber ile beraber savaşırken oldu, dedi.

Zübeyr'i görenler, onun göğsünde su oyuklarını hatırlatan birçok ok ve kılıç izlerinin bulunduğunu söylerdi.

---

40 İbn Asâkir, *Târîhu Medîneti Dımaşk*, 18/351.

RESÛLULLAH ÂŞIĞI
TALHA b. BERÂ [r.a]

Sevgili Peygamberimiz'i büyük bir aşkla seven sahabilerden biri de Talha b. Berâ adlı gençti ... Daha görmeden âşık olmuştu Peygamberimiz'e ... Husayn b. Vahvah el-Ensârî [radıyallahu anh] anlatıyor: "Talha b. Berâ ne zaman Resûlullah'a [sallallahu aleyhi vesellem] rastlasa ona yapışır ve ellerini, ayaklarını öperdi. Yine bir gün Allah Resûlü'ne rastladığında ona,

- Yâ Resûlallah! Bana neyi dilerseniz emredin; sizin emrinize karşı gelmeyeceğim, dedi. Talha o zamanlar daha gencecik bir delikanlıydı. Hz. Peygamber [sallallahu aleyhi vesellem] ne derse hemen yerine getirirdi. Bu genç sahabi bir müddet sonra hastalandı. Mevsim kıştı. Soğuk bir günde Resûl-i Ekrem [sallallahu aleyhi vesellem] onun ziyaretine geldi. Ziyaretini tamamladıktan sonra aile efradına,

- *Talha'yı iyi görmüyorum; ölümü yakın! Şayet vefat ederse hemen beni haberdar ediniz ki geleyim, cenazesinde bulunayım ve namazını kıldırayım. Bu hususta gevşek davranmayın,* dedi ve oradan ayrıldı. Ancak daha Sâlim b. Avf oğullarının topraklarına gelmeden Talha [radıyallahu anh] vefat etmişti. Bu sırada akşam olmuş ve karanlık da çökmüştü. Talha [radıyallahu anh] ölmeden önce, 'Öldüğümde beni hemen gömün, bir an evvel Rabbim'e kavuşturun. Resûlullah'ı da [sallallahu aleyhi vesellem] çağırmayın; çünkü benim yüzümden etraftaki yahudilerin ona bir kötülüklerinin dokunmasını istemem!' şeklinde bir vasiyette bulunmuştu ve vasiyeti gereği hemen defnedildi. Sabah olduğunda durum Hz Peygamber'e [sallallahu aleyhi vesellem] arzedildi. Allah Resûlü gidip onun kabrinin yanı başında durdu. İnsanlar da onun arkasında saf bağladılar. Resûl-i Ekrem [sallallahu aleyhi vesellem] ellerini kaldırarak şöyle dua etti:

"Allahım! Sen ona; o da sana kavuştuğunda, mütebessim bir halde (sen ondan razı, o da senden razı iken) karşıla!"[41]

---

41 Taberânî, *el-Mu'cemü'l-Kebîr*, nr. 3554; Ali el-Müttakî, *Kenzü'l-Ummâl*, nr. 37159; İbn Hacer el-Askalânî, *el-İsâbe*, 2/227.

ÜMMETİN EMİNİ
EBÛ UBEYDE b. CERRÂH [r.a]

Ebû Ubeyde [radıyallahu anh] ilk müslüman olanlardan sayılır. O İslâm'la şereflendiğinde yirmi yedi yaşında bir gençti. Ebû Ubeyde [radıyallahu anh], kahramanlığıyla tanındığı kadar, "Eminü'l-ümme" (ümmetin emini) lakabıyla meşhur olmuştur. Resûlullah [sallallahu aleyhi vesellem] onun için, *"Her ümmetin bir emini vardır, bu ümmetin emini de Ebû Ubeyde b. Cerrâh'tır"* [42] buyurmuştur.

Bir grup Yemenli Hz. Peygamber'e [sallallahu aleyhi vesellem] gelerek,

- Bizlere Kur'an öğretmek üzere bizimle birlikte birini gönder, demişlerdi. Bunun üzerine Allah Resûlü Ebû Ubeyde b. Cerrâh'ın [radıyallahu anh] elinden tutarak,

- *Bu gördüğünüz kişi bu ümmetin eminidir,* buyurmuş ve onlarla birlikte Yemen'e göndermiştir. Ebû Ubeyde [radıyallahu anh] oradaki vazifesini tamamladıktan sonra Resûlullah'ın [sallallahu aleyhi vesellem] yanına geri dönmüştür.

Ebû Ubeyde ayrıca Peygamber Efendimiz'in [sallallahu aleyhi vesellem] henüz hayatta iken cennetle

42 Buhârî, Fezâil, 21, Megâzî, 72; Müslim, Fezâil, 53, 54.

müjdelediği on sahabiden biridir. Ebû Ubeyde [radıyallahu anh] diğer büyük sahabiler gibi bütün gazâlara katılmıştır. Uhud Savaşı'nda Resûlullah'ın [sallallahu aleyhi vesellem] yüzüne batan miğfer parçalarını dişleriyle sökmek istemiş, önce bir ön dişini, sonra diğer ön dişini kaybetmiştir.

Ebû Ubeyde [radıyallahu anh], zühd ve takva sahibi, itaatkâr bir sahabidir. Diğer birçok sahabi gibi o da fütûhat sonunda ele geçirilen mal ve mülke rağbet etmeyerek sade bir hayat sürmüştür. Hz. Ömer [radıyallahu anh] onun odasının eşyasız bir keçe, bir kırba, birkaç lokma yiyecekten ibaret olduğunu görünce ağlamış ve, "Dünya herkesi değiştirdi, yalnız seni değiştiremedi" demiştir.

Ebû Ubeyde [radıyallahu anh] Ürdün'de tâuna yakalandığında orada bulunan müslümanları yanına çağırarak şunları söyledi: "Size tuttuğunuz takdirde daima hayır içerisinde bulunup hiçbir zarar görmeyeceğiniz bazı şeyler tavsiye edeceğim: Namazı kılıp zekâtı veriniz; ramazan orucunu tutunuz; sadaka verip hac ve umre yapınız. Kendi aranızda birbirinize iyiliği tavsiye ediniz. Emîrlerinize (yöneticilerinize) ihanet etmeyiniz ve kendilerine nasihatte bulununuz. Dünyanın sizi helâke sürüklemesine izin vermeyiniz. Şunu aklınızdan çıkarmayınız ki insan bin sene de yaşasa nihayet bir gün benim şu anda içinde bulunduğum duruma düşecektir. Allah Teâlâ âdemoğullarının üzerine ölümü yazmıştır. Ondan kurtuluş yoktur ve her insan mutlaka ölecektir. İnsanların en akıllısı Rabb'ine en fazla itaat edip ahireti için çalışandır.

Allah'ın selâmı, rahmet ve bereketi sizlerin üzerine olsun! Ey Cebel'in oğlu Muâz! Müslümanların namazlarını sen kıldır." Bu sözlerden sonra Ebû Ubeyde [radıyallahu anh] vefat etti. Bunun üzerine Muâz b. Cebel [radıyallahu anh] kalkarak şunları söyledi: "Ey insanlar! Günahlarınızdan tövbe ederek Allah Teâlâ'ya kesin dönüş yapınız. Çünkü huzuruna tövbe ederek gelmiş olanları bağışlaması Allah'ın üzerine haktır. Ancak kul hakları müstesnadır. Zira kul, hakkını ödemediği sürece o kişinin rehinidir. İçinizden müslüman bir kardeşiyle küs olanlar varsa derhal onu bularak musafaha etsinler. Çünkü bir müslümanın, müslüman kardeşiyle üç günden fazla küs durması çok büyük bir günahtır."

İmrân b. Husayn'dan [radıyallahu anh] rivayet edilen bir hadis-i şerifte Resûlullah [sallallahu aleyhi vesellem] şöyle buyurmaktadır: *"Her kim gençliğini Allah yolunda tüketirse bu onun için kıyamette bir nur olur."*[43]

43 Beyhakî, *Delâilü'n-Nübüvve*, 5/229.

MELEKLERİN YIKADIĞI GENÇ SAHABİ HANZALE [r.a]

Sahabiler Resûlullah'ın emirlerine sımsıkı bağlanmışlardı. O ne derse, neye davet ederse hemen yerine getirirler hatta yarışırlardı. Velev ki bu davet Allah yolunda çarpışmak, yaralanmak veya şehid edilmek olsun, onlar için hiç farketmezdi. İşte bu gözü pek sahabilerden biri de Hanzale idi. Hanzale [radıyallahu anh] öyle temiz bir gençti ki Câhiliye döneminde bile hiç putlara tapmamıştı. Hatta Mekkeliler'in kötü âdetlerine şahit olmamak için zaman zaman Mekke dışına çıkıp uzlete çekiliyordu. Resûlullah Efendimiz'e [sallallahu aleyhi vesellem] peygamberlik verilip Allah Resûlü [sallallahu aleyhi vesellem] onu imana davet ettiğinde hemen icabet etmiştir.

Hanzale [radıyallahu anh] Bedir Gazvesi'nde bulundu. O zaman henüz bekârdı. Bedir Gazvesi'nden bir müddet sonra Abdullah b. Übeyy'in kızı Cemile ile nikâhlandı.

İşte Hanzale'nin [radıyallahu anh] evlendiği günün gecesiydi. Sevgili Peygamberimiz, ashabını toplayarak İslâm'a saldırmak ve yok etmek için bütün savaş hazırlıklarını tamamlayan Mekkeli müşriklere karşı harp yapılması kararını vermişlerdi. Harbe katılacak sahabiler tek tek evinden çağırıldı. Harp haberini duyuran haberci, Hanzale'nin [radıyallahu anh] evine uğradı. Hanzale [radıyallahu anh] geç kalmamak ve Uhud'a hareket eden İslâm ordusuna bir an önce yetişebilmek için teçhizatını alarak alelacele evinden çıktı. Ancak gusletmeyi unutmuştu. Hemen sahabenin arkasından koşmaya başladı ve aralarına katıldı. Harp sona erince Resûlullah [sallallahu aleyhi vesellem] şehidler için geniş kabirler kazılmasını ve birer ikişer defnedilmesini emretti. Sonra şehid düşen Hanzale'nin [radıyallahu anh] başucuna geldi ve, *"Arkadaşınız melekler tarafından yıkanmaktadır. Onun eşine sorun bakalım, o ne yapmıştı ki melekler onu yıkıyorlar"* buyurdu. Bunun üzerine ashaptan biri Hanzale'nin eşi Cemile'nin yanına gidip Hz. Peygamber'in [sallallahu aleyhi vesellem] söylediklerini haber verdi. Hz. Cemile [radıyallahu anhâ], "Savaş emri verildiğinde Hanzale'nin yıkanması (gusül) gerekiyordu. Geç kalmamak için yıkanmadan çıkmıştı" diye Allah Resûlü'ne haber yolladı. Cemile'nin sözleri Resûlullah Efendimiz'e ulaştığında, *"İşte bunun için melekler onu yıkadılar"* buyurmuştur.

Ayrıca Peygamber Efendimiz [sallallahu aleyhi vesellem] *"Ben Hanzale'yi gök arasında meleklerin gümüş tepsi içinde yağmur suyu ile yıkadıklarını gördüm"* buyurmuştur. Ashâb-ı kirâm onun boy abdesti alamadan şehid düştüğünü ve melekler tarafından yıkandığını öğrendikleri zaman ona, "Gasîlü'l-melâike" (meleklerin yıkadığı kimse) lakabını verdiler. Hanzale'nin [radıyallahu anh] kabilesi olan Evsliler, "Meleklerin yıkadığı Hanzale bizdendir" diye iftihar ederlerdi.[44]

44 Ebû Nuaym, *Delâilü'n-Nübüvve*, 2/4.

SÜNNET ÂŞIĞI
ABDULLAH b. ÖMER [r.a]

Abdullah Hz. Ömer'in [radıyallahu anh] oğludur. Hicretten on yıl önce Mekke'de doğmuş ve babası Hz. Ömer'le [radıyallahu anh] birlikte müslüman olmuş ve onunla hicret etmiştir. Resûlullah'ın [sallallahu aleyhi vesellem] ders halkasına on üç yaşında katılmış ve İslâm tarihinde müfessir, muhaddis, fakih olarak bilinen yedi Abdullah'tan (abâdile-i seb'a) biri olmuştur.

Ablası Hz. Hafsa [radıyallahu anhâ] ezvâc-ı tâhirattandır. Abdullah b. Ömer [radıyallahu anh], ablası Resûlullah Efendimiz'in [sallallahu aleyhi vesellem] hanımı olduktan sonra sık sık yanına gider ve zaman zaman da orada gecelerdi. Ablasının evine sık sık uğrayan Abdullah [radıyallahu anh], Hz. Peygamber'in [sallallahu aleyhi vesellem] özel ilgisine mazhar olmuş ve onun özel sohbetlerinden istifade etmiştir.

Abdullah b. Ömer [radıyallahu anh] her daim Resûlullah'ın [sallallahu aleyhi vesellem] yanında olmayı istedi. Hatta o Bedir ve Uhud gazvelerine katılmak için Resûl-i Ekrem'den izin istemiş ancak yaşının henüz küçük olması sebebiyle kendisine izin verilmemişti. Fakat on sekiz yaşlarında iken Hendek Gazvesi'ne ve daha sonra Hz. Peygamber [sallallahu aleyhi vesellem] zamanında meydana gelen bütün savaşlara katıldı. Peygamber Efendimiz'in vefatından sonra da birçok savaşta bulundu. Bunlardan biri de Ebû Eyyûb el-Ensârî'nin de [radıyallahu anh] bulunduğu İstanbul seferidir.

Abdullah b. Ömer [radıyallahu anh] Resûlullah'ı [sallallahu aleyhi vesellem] çok seviyordu. Her hareketi onun hareketiydi. Peygamber Efendimiz'in sünnetine çok bağlıydı. Onun her sözünü, her fiilini ezberliyor, uyguluyor ve insanlara anlatıyordu. Resûl-i Ekrem [sallallahu aleyhi vesellem] vefat ettikten sonra Abdullah b. Ömer'in [radıyallahu anh] durumunu, tâbiîn âlimleri şöyle anlatmışlardır:

Nâfi' [rahmetullahi aleyh] naklediyor: "Abdullah b. Ömer [radıyallahu anh] her yerde Resûlullah'ın [sallallahu aleyhi vesellem] yaptıklarını araştırıyordu. Nerede namaz kılsa o da orada namaz kılıyordu. Hatta Resûlullah'ın [sallallahu aleyhi vesellem] bir ağacın altında oturduğunu veya namaz kıldığını öğrense hemen o ağacı ıslah edip kurumaması için onu suluyordu."

Mücâhid [rahmetullahi aleyh] anlatıyor: "Abdullah b. Ömer [radıyallahu anh] ile bir yolculuğa çıkmıştık. Bir mevkiden geçerken Abdullah kafileden ayrılıp bir sağa bir sola saptı. Kendisine neden böyle yaptığını soranlara da, 'Çünkü Resûlullah [sallallahu aleyhi vesellem] buradan geçerken aynen böyle yapmıştı' diye cevap vermişti." [45]

Nâfi' [rahmetullahi aleyh] naklediyor: "Abdullah b. Ömer [radıyallahu anh] Mekke yoluna girdiği zaman devesinin yularını bir sağa bir sola doğru çekerek ilerliyor ve, 'Belki böylelikle ayağım Resûlullah'ın [sallallahu aleyhi vesellem] devesinin ayağının bastığı yere değer!' diyordu." [46]

45 Ahmed b. Hanbel, *el-Müsned*, 2/32.

46 Ebû Nuaym, *Hilyetü'l-Evliyâ*, 1/310.

Nâfi' [rahmetullahi aleyh] diyor ki: "Şayet Abdullah b. Ömer'i [radıyallahu anh] Resûlullah'ın izlerini takip ederken bir seyretseydiniz, 'Bu adam delirmiş!' derdiniz."[47]

Hz. Âişe de [radıyallahu anhâ], "Resûlullah'ın konakladığı yerlerde onun izini tozunu arayanlar içinde Abdullah b. Ömer'den daha hırslısını görmedim" demiştir. [48]

Eslem [radıyallahu anh] anlatıyor: "Hiçbir deve çölde kaybettiği yavrusunu, Abdullah b. Ömer'in [radıyallahu anh], Resûlullah'ın [sallallahu aleyhi vesellem] izlerini araması gibi aramamıştır."

Abdullah b. Ömer [radıyallahu anh], zamanının çoğunu Resûlullah Efendimiz'in yanında geçirmiş, onun terbiyesinde yetişmiştir. O, Ebû Hüreyre'den [radıyallahu anh] sonra sahâbe-i kirâmın en çok hadis rivayet edenidir. Sahâbe-i kirâmın ilmî yönde, en önde gelenlerinden biridir. İmam Mâlik [rahmetullahi aleyh] onun hakkında şöyle der: "Abdullah b. Ömer [radıyallahu anh] Resûlullah'ın [sallallahu aleyhi vesellem] ve ashabının hareketlerine dair ne varsa hepsini bilirdi."

İşte o Resûlullah'ın [sallallahu aleyhi vesellem] sünnetini yaşamada son derecede hassas olmakla tanınıyordu. Müslümanlar bunu bildikleri için onda ne görseler tereddütsüz "sünnet" diyerek aynısını yapmaya çalışıyorlardı.

---

47 Ebû Nuaym, *Hilyetü'l-Evliyâ*, 1/310; Hâkim, *el-Müstedrek*, 3/561.

48 İbn Sa'd, *et-Tabakâtü'l-Kübrâ*, 4/145.

HELÂL ve HARAMI EN İYİ BİLEN
MUÂZ b. CEBEL
[r.a]

Muâz b. Cebel [radıyallahu anh] ensar sahabilerindendir. On sekiz yaşında müslüman olduğu rivayet edilir. Bir defasında Resûlullah [sallallahu aleyhi vesellem], *"Yâ Muâz! Allah için seni çok seviyorum"* dediğinde Muâz da [radıyallahu anh], "Ben de sizi çok seviyorum yâ Resûlallah" diye cevap vermişti. [49]

Muâz [radıyallahu anh] sahabiler arasında yumuşak huyluluğu, hayâsı, cömertliği ile tanınıyordu. Onu Hz. Ömer de [radıyallahu anh] çok seviyordu. Muâz [radıyallahu anh] hakkında şöyle dediği rivayet edilir: "Analar bir daha Muâz gibisini doğuramaz. Eğer Muâz olmasaydı Ömer helâk olurdu. Şayet Muâz benim hilafetim zamanında yasamış olsaydı onu kendimden sonra halife tayin ederdim ve Rabbim bana onu niçin halife tayin ettiğimi sorduğunda da, yâ Rabbi, senin resûlünü, *'Âlimler kıyamet gününde bir araya geldiklerinde Muâz, bir ok atımı (veya bir taş atımı) onların önünde olacak'* derken işittim, diye cevap verirdim, demiştir." [50]

Muâz b. Cebel [radıyallahu anh] sahabenin âlim ve fakihlerindendi. O dinde ince ve derin bir kav-

49 Buhârî, *Edebü'l-Müfred*, nr. 690.

50 İbn Sa'd, *et-Tabakâtü'l-Kübrâ*, 3/583-590.

rayışa sahip bir sahabiydi. Bu genç sahabinin ilmî yöndeki gayretleri, keskin zekâsı ve kavrayışı Resûlullah Efendimiz'in [sallallahu aleyhi vesellem] gözünden kaçmamıştı ki onu Yemen'e vali ve kadı olarak göndermeye karar verdi. Bu esnada Resûl-i Ekrem [sallallahu aleyhi vesellem] ile onun arasında şöyle bir konuşma geçmişti:

- *Önüne, yargıda bulunman icap eden bir mesele çıkarsa onu nasıl çözersin?* O şu cevabı verdi:

- Allah'ın kitabıyla hükmederim. Resûlullah [sallallahu aleyhi vesellem] devamla sordu:

- *Allah'ın kitabında bulamazsan ne yaparsın?* O, bu suale şu mukabelede bulundu:

- Allah Resûlü'nün sünnetiyle hallederim. Hz. Peygamber [sallallahu aleyhi vesellem] tekrar sordu: *Hem Allah Resûlü'nün sünnetinde, hem de Allah'ın kitabında bulamazsan neye müracaat edersin?* Bu kez o şu cevabı verdi:

- Kendi görüşümle ictihad ederim. Bunun üzerine Resûlullah [sallallahu aleyhi vesellem] memnuniyetini ve sevincini belirtmek için ellerini Muâz'ın [radıyallahu anh] göğsüne vurdu ve şöyle buyurdu:

- *Allah Resûlü'nün elçisini, Resûlullah'ın razı olduğu şeyde muvaffak kılan Allah'a hamdolsun.*

İşte Muâz [radıyallahu anh] ile Resûlullah [sallallahu aleyhi vesellem] arasında geçen bu konuşma, daha sonra İslâm hukukçularınca, usûl-i fıkıh ilminde çok önemli bir konu olan kıyas bahsine delil olarak kabul edilmiştir.

Muâz b. Cebel [radıyallahu anh] ilim âşığı bir sahabiydi. Onun Resûlullah'tan [sallallahu aleyhi vesellem] naklettiği bir hadis-i şerif şöyledir: *"İlim öğreniniz. Zira onun Allah için öğrenilmesi haşyettir (Allah korkusunun bir gereğidir). İlmi talep etmek ibadettir. İlim müzakeresi yapmak tesbihtir. İlmî araştırmalarda bulunmak Allah yolunda cihaddır. Onu bilmeye öğretmek bir sadakadır. İlmi ehline vermek Allah'a yakınlık vesilesidir. Çünkü helâli ve haramı öğretmek cennet yolunun rehberi, kabir yalnızlığının refiki, ıssızlıkta dost, halvette iken seninle konuşandır. İlim darlıkta ve genişlikte rehberdir. Düşmanlara karşı silahtır. Dostlar yanında ziynet, garipler yanında kurbettir. Allah ilim sebebiyle bazı kavimlerin derecesini yükseltmiş ve onları hayırlılar arasına dahil etmiştir."* [51]

Muâz'ın [radıyallahu anh], Hz. Peygamber [sallallahu aleyhi vesellem] tarafından Yemen'e gönderildiği esnada yaşlı başlı bir insan olduğu düşünülebilir. Halbuki Muâz o tarihte yirmi dört-yirmi yedi yaşlarında bulunuyordu.

Muâz b. Cebel'in [radıyallahu anh] diğer bir özelliği de Kur'an'ı ezbere biliyor olmasının yanında güzel okuyor olmasıydı. Bunun için sevgili Peygamberimiz, *"Kur'an'ı dört kişiden öğrenin: Abdullah b. Mesud, Übey b. Kâ'b, Muâz b. Cebel ve Ebû Huzeyfe'nin âzatlısı Sâlim"* buyurmuştur.[52]

Muâz b. Cebel [radıyallahu anh] Yemen'de iken Hz. Peygamber [sallallahu aleyhi vesellem] ona, *"Ey Muâz!*

---

51 Ali el-Müttakî, *Kenzü'l-Ummâl*, nr. 28867.

52 Ahmed b. Hanbel, *el-Müsned*, 2/190.

Ehl-i kitap olan bir topluma gidiyorsun. Cennetin anahtarı nedir? diye sorarlarsa, lâ ilâhe illallahtır, de. Yâ Muâz, daima alçak gönüllü ol, hilimle (yumuşaklıkla, akla uygun olarak) hükmet. Cenâb-ı Hak, sende samimiyet görürse yardımını ihsan eder, muvaffakiyet verir" şeklinde başlayan öğüt ve nasihat yüklü bir mektup göndermiş ve bu mektubun sonunda da şöyle demişti: *"Ey Muâz! Belki bu son görüşmemiz olabilir. Allah seni dinde başarılı kılsın ve sana hidayet nasip etsin; önünden, arkandan, sağından, solundan, yukarıdan veya aşağı tarafından gelebilecek her türlü bela ve musibetlerden korusun. Senden, insanların ve cinlerin kötülüklerini uzaklaştırsın. Ey Muâz, belki mescidimi ve kabrimi ziyaret edersin."* Netice Allah Resûlü'nün dediği gibi oldu. Muâz [radıyallahu anh] Yemen'de iken Resûlullah [sallallahu aleyhi vesellem] vefat etti. Muâz, Hz. Ebû Bekir'in halifeliği döneminde Yemen'den döndü. Kalan ömrünü Şam'da geçirdi ve Ürdün'de tâun hastalığından, henüz genç sayılabilecek bir yaşta otuz sekiz yaşında vefat etti. [53]

53 Ebû Nuaym, *Târîhu İsbahân*, 1/186.

RESÛLULLAH'IN HİZMETÇİSİ
ENES b. MÂLİK [r.a]

Enes b. Mâlik [radıyallahu anh] hicretten on yıl önce Medine'de doğmuştur. Gençler arasında Peygamber Efendimiz'e [sallallahu aleyhi vesellem] en çok hizmet edenlerden biri olduğundan dolayı, Resûlullah'ın hizmetçisi anlamında "Hâdimü'n-Nebî" denilmiştir. Resûl-i Ekrem'den [sallallahu aleyhi vesellem] en çok hadis rivayet eden sahabiler arasındadır.

Enes b. Mâlik [radıyallahu anh] şöyle anlatıyor: Hz. Peygamber [sallallahu aleyhi vesellem] Medine'ye geldiklerinde ben on yaşında bir çocuktum. Vefatlarında ise yirmi yaşında bir delikanlı olmuştum. Annem beni Hz. Peygamber'e hizmet etmek için teşvik ederdi.

Enes [radıyallahu anh] her sabah erken kalkar mescide koşar, Peygamber Efendimiz [sallallahu aleyhi vesellem] kalkmadan herhangi bir ihtiyacının olup olmadığını sormak için mescidin etrafında dolaşırdı. Resûlullah'ın [sallallahu aleyhi vesellem] katıldığı her sefere katılır, onun her yolculuğuna iştirak etmeye çalışırdı.

Enes b. Mâlik'in [radıyallahu anh] sünnete öyle bir bağlılığı vardı ki görenler sünnetin Peygamber Efendimiz'den [sallallahu aleyhi vesellem] sonra canlı yaşanan her halini onda görürlerdi. Hele namazı, Resûlullah'ın [sallallahu aleyhi vesellem] namazının tıpatıp aynısıydı. Sahabe efendilerimiz, Peygamberimiz'in [sallallahu aleyhi vesellem] namazının nasıl olduğunu soranlara, Enes b. Mâlik'i [radıyallahu anh] gösterirlerdi.

Enes b. Mâlik [radıyallahu anh] anlatıyor: "Resûlullah'a [sallallahu aleyhi vesellem] tam on sene hizmet ettim. Vallahi bu süre içerisinde bana bir defa olsun 'öf' demedi. Yapmış olduğum bir şey için de, 'Niye böyle yaptın? (Şöyle yapsaydın ya!)' veya terkettiğim bir şey için, 'Niye bunu terkettin? (yapsaydın ya!)' dememiştir."[54]

Bu hadis, bugünün yetişkinlerine, gençlerin yetiştirilmesi aşamasında çok önemli mesajlar vermektedir. Bunun en başında geleni, tedricî yani yavaş yavaş, basamak basamak eğitim sürecidir. Kimi yetişkinler gençlerin bir andan bütün ahlâkî erdemleri kazanmalarını, kâmil manada bir insan olmalarını ve böyle davranmalarını beklerler. Halbuki bu eğitim, çocukluk yıllarında başlatılmalı ve çocuğun kendi başına hareket edebileceği hatta evleneceği zamana kadar da devam ettirilmelidir. Büyüklerin, "Ağaç yaş iken eğilir" atasözünün ne denli isabetli bir söz olduğu hatırdan çıkarılmamalıdır.

Enes b. Mâlik [radıyallahu anh], Resûlullah'ın [sallallahu aleyhi vesellem] hizmetine girdikten sonra onun bütün emirlerini büyük bir dikkat ve itina ile yerine

---

54 Müslim, Fezâil, 51; Ebû Davud, Edep, 1; Ahmed b. Hanbel, *el-Müsned*, 3/195, 197, 255.

getirmeye çalıştı. Resûl-i Ekrem ile aralarında sır olarak kalmasını arzu ettikleri şeyleri büyük bir dikkatle muhafaza eder ve onları annesine bile söylemezdi. Nitekim kendisi böyle bir hadiseyi anlatmıştır:

"Bir gün Resûlullah'ın [sallallahu aleyhi vesellem] hizmetinde bulunmuştum. Onun yanındaki hizmetimin bittiğini farkedince, kendi kendime, 'Resûlullah şimdi kaylûle uykusuna yatar' dedim ve yanından ayrıldım. Sokağa çıktığımda oyun oynayan çocuklar gördüm; onların oyunlarını izlemeye başladım. Biraz sonra Resûlullah [sallallahu aleyhi vesellem] geldi. Oyun oynayan çocuklara selâm verdikten sonra benim yanıma geldi. Sonra bana yerine getirmem için gizli bir şey söyledi ve yerine getirmemi istedi. Bunun üzerine emri yerine getirmek için gittim, emirlerini ifa ettim ve sonra dönüp neticeyi kendilerine bildirdim. Sonra eve döndüm. Annem Ümmü Süleym neden geciktiğimi sordu. Ben de, 'Resûlullah, beni bir işe gönderdi' dedim. Annem, 'Ne işi?' dedi. Ben de, 'Sırdır' diyerek söylemedim. Annem benim bu tavrımı çok beğenmiş olacak ki bana, 'Oğlum, Resûl-i Ekrem'in sırlarını iyi sakla!' dedi." [55]

Enes [radıyallahu anh] gibi annesi de Resûlullah [sallallahu aleyhi vesellem] sevdalısı bir hanım sahabiydi. Bir gün Allah Resûlü Enes'in [radıyallahu anh] evinde uyumuştu. Resûl-i Ekrem uyurken terlemişti. Enes'in annesi (Ümmü Süleym) hemen bir cam kap getirerek onun terlerini toplamaya başladı. Hz. Peygamber [sallallahu aleyhi vesellem] ona böyle

55 Buhârî, *Edebü'l-Müfred*, nr. 1154.

yapmasının nedenini sordu. Ümmü Süleym [radıyallahu anhâ] şöyle dedi: "Biz bunu kokularımızın içine katıyoruz. Çünkü bu kokulardan daha güzel!" [56]

Enes b. Mâlik [radıyallahu anh] bir defasında şöyle demişti: "İstediğiniz kadar ilim öğreniniz. Kesinlikle Allah, siz amel etmedikçe, sadece ilimden dolayı size ecir vermez. Gerçek âlimlerin hedefi anlayış ve ilimle amel etmektir. Sefihlerin gayesi ise sadece rivayet yapmaktır."

56 Müslim, Fezâil, 83; Ahmed b. Hanbel, *el-Müsned*, 3/136.

MEDİNE'NİN MUALLİMİ
MUS'AB b. UMEYR [r.a]

Mus'ab b. Umeyr [radıyallahu anh], İslâm ile müşerref olan ilk sahabilerdendir. Onun müslüman olması Resûlullah'ın [sallallahu aleyhi vesellem] ve birkaç sahabinin Erkam'ın [radıyallahu anh] evinde toplandıkları günlere denk gelir. Müslüman olduktan sonra Resûl-i Ekrem [sallallahu aleyhi vesellem] ona "Mus'ab el-Hayr" unvanını vermiştir. Mus'ab b. Umeyr'in [radıyallahu anh] mensup olduğu aile Kureyş'in Abdüddâroğulları kabilesine mensup itibarlı ve zengin bir aileydi. Babası Mekke'nin en varlıklı kimselerinden biriydi. Bu kabile, Câhiliye devrinde etkili bir mevkiye sahipti ve Hâşimoğulları ile aralarında da öteden beri husumet vardı. Bu sebeple Hz. Muhammed'in [sallallahu aleyhi vesellem] peygamberliğine Mekke'de şiddetle muhalefet etmeleriyle tanınmışlardı.

Mus'ab'ın [radıyallahu anh] zengin ve itibarlı bir ailenin çocuğu olması hasebiyle ona en güzel, en pahalı, en lüks elbise ve ayakkabılar giydirirler, en hoş kokuları sürerlerdi. Son derece müreffeh bir hayatın içindeydi. İşte o böyle bir yaşantının içindeyken Resûlullah Efendimiz'in [sallallahu aleyhi vesellem] davetini işitti ve hiç tereddüt etmeden Allah Resûlü'ne geldi; iman edip müslüman oldu. O sırada Mekkeliler, müslümanlara yoğun bir baskı uyguladığından, Hz. Mus'ab [radıyallahu anh] müslüman olduğunu ailesinden gizlemek zorunda kalmıştı. Bir gün Osman b. Talha, onun namaz kıldığını görünce gidip durumu hemen anne ve babasına bildirdi. Bundan sonra Mus'ab [radıyallahu anh] için zor günler başladı.

Babası ve annesi önce onu hapsettiler, müslümanlarla buluşup görüşmesini engellediler; İslâm'dan uzaklaşması, Hz. Peygamber'e [sallallahu aleyhi vesellem] tâbi olmaktan vazgeçmesi için çeşitli yollara başvurdular, türlü türlü baskılar yaptılar ancak bir sonuç alamadılar. Ona olan bütün maddi desteklerini kestiler ve onu tam bir yoksulluğa iterek bu yeni hayata dayanamayacağı ümidi ile kendilerine dönmesini beklediler. Fakat Mus'ab [radıyallahu anh] davasından, inancından vazgeçmedi.

Günler böyle devam ederken Mus'ab [radıyallahu anh] bir yolunu bularak esaretten kurtuldu ve Habeşistan'a hicret eden ilk müslüman kafilesiyle Habeşistan'a gitti.

Mus'ab [radıyallahu anh] bu gençlik yıllarında, hiç tereddüt etmeden Resûlullah'ın [sallallahu aleyhi vesellem] davetine uymuş, her türlü zevkten, refahtan, dünya malından ve ailesinden vazgeçmişti. Artık onun üzerinde pahalı ve gösterişli elbise ve ayakkabılar, misk-i amber kokular yoktu. Hem Mekke'de geçirdiği zorlu esaret ve baskı yılları hem de Habeşistan'daki gurbet ve yokluk hayatı Mus'ab'ı [radıyallahu anh] çok değiştirmişti.

Habeşistan dönüşünde Mus'ab b. Umeyr'in [radıyallahu anh] durumu tamamen değişmiş; kalbi İslâm ve imanla dopdolu, iradesi güçlü kuvvetli, metin bir genç olmuştu. Annesi ve babası ondaki kararlılık ve metaneti görünce, üzerindeki baskıyı hafifletmek zorunda kaldılar.

Resûlullah Efendimiz'e [sallallahu aleyhi vesellem] peygamberlik vazifesinin verildiği on birinci sene Medine'den ufak bir kafile gelmiş, Resûl-i Ekrem [sallallahu aleyhi vesellem] onlara İslâm'ı anlatmış ve bu küçük kafile de Allah Resûlü'ne biat ederek evlerine dönmüşlerdi. İşte Birinci Akabe Biatı'nda müslüman olan Medineliler, kendilerine dini öğretecek bir öğretmen istediler. Hz. Peygamber de [sallallahu aleyhi vesellem] bu iş için hem okuma yazması olan hem de Kur'an'ı güzel okuyan, hilim sahibi, görgülü, insanlara karşı pek şefkatli ve öğretmeye hevesli olan genç Mus'ab'ı [radıyallahu anh] görevlendirdi. Emir üzerine Mus'ab [radıyallahu anh] Medine'ye gidip onların reisleri olan Esad b. Zürâre'nin evine yerleşti. Burada hem Kur'ân-ı Kerîm öğretiyor hem de İslâmiyet'i anlatıyordu. Onun bu hizmetiyle Medine'de çok kimse müslüman oldu. Fakat Medine'deki nüfuzlu kişilerden Sa'd b. Muâz ve Üseyd b. Hudayr henüz müslüman olmamışlardı. Onların kabile reisi olması ve müslüman olmamaları etrafındaki kişileri de etkiliyor, İslâmiyet'in yayılmasını engelliyordu.

Bir gün Mus'ab b. Umeyr [radıyallahu anh], Neccâroğulları'nın bahçesinde, etrafında toplanan müslümanlara sohbet ederken Üseyd elinde bir mızrakla geldi ve hiddetle konuşmaya başladı: "Siz bize niçin geldiniz, insanları aldatıyorsunuz! Eğer ölmek istemiyorsanız buradan derhal ayrılın!" dedi. Onun bu hiddetli halini gören Mus'ab b. Umeyr [radıyallahu anh], "Hele biraz otur! Sözümüzü dinle. Maksadımızı anla, beğenirsen kabul edersin. Yoksa engel olursun" diyerek gayet yumuşak ve nazik bir konuşmayla karşılık verdi. Üseyd sakinleşip, "Doğru söyledin" dedi ve mızrağını yere saplayarak oturdu. Mus'ab b. Umeyr ona İslâmiyet'i anlattı ve Kur'ân-ı Kerîm okudu. Kur'ân-ı Kerîm'i dinleyen Üseyd, "Bu ne kadar güzel, ne kadar iyi bir sözdür. Bu dine girmek için ne yapmalı?" diye sordu. Mus'ab b. Umeyr [radıyallahu anh] ona kelime-i şehâdeti öğretti ve o da müslüman oldu. Sonra, "Ben gidip size birini göndereyim. Eğer o da müslüman olursa Medine'de (Yesrib) iman etmeyen kimse kalmaz" diyerek oradan ayrıldı ve Sa'd b. Muâz'ın yanına gitti. Sa'd ona baktığında hiddetli halinin gittiğini, yüzünün güldüğünü görünce, "Sana ne oldu böyle?" diye sordu. Üseyd müslüman olduğunu söyledi. Bunu gören Sa'd şaşırarak hiddetlendi ve Mus'ab b. Umeyr'in [radıyallahu anh] yanına koştu. O da hiddetle konuşmaya, ağır sözler sarfetmeye başlamıştı ki Mus'ab'ın [radıyallahu anh] nazik ve halim tavrı onu bir anda yumuşatıverdi. Ondan kendisini biraz dinlemesini istedi. Mus'ab [radıyallahu anh] ona da İslâmiyet'i anlattı ve Kur'ân-ı Kerîm'den bir miktar okudu. Kur'ân-ı Kerîm okunurken Sa'd'ın yüzü birdenbire değişiverdi ve orada müslüman oldu.

Mus'ab b. Umeyr'in [radıyallahu anh] eğitim metodu, güler yüzlülüğü, insanlara halim ve selim davranması, şefkat ve merhameti sayesinde Medine'deki son iki aşiret reisi de müslüman olmuş, bunu müteakiben de İslâmiyet'in girmediği hiçbir ev, iman etmeyen hiç kimse kalmamıştı. Mus'ab [radıyallahu anh] Medine'deki muallimlik vazifesini bitirdikten sonra sevgili Peygamberimiz'in [sallallahu aleyhi vesellem] yanına, Mekke'ye geri döndü.

Medine'ye hicretten sonra Mus'ab [radıyallahu anh] Bedir Gazvesi'ne katıldı. Muhacirlerin sancağı onun elindeydi. Ona, "Resûlullah'ın bayraktarı" diyorlardı. Uhud Gazvesi'nde sancak yine onun elindeydi. Savaş esnasında müslümanların dağılıp gerilediğini gören Mus'ab b. Umeyr [radıyallahu anh], atını sağa sola sürüyor ve yüksek sesle, *"Muhammed ancak bir peygamberdir. Ondan önce birçok peygamber gelip geçmiştir"* (Âl-i İmrân 3/144) âyetini okuyor ve o kargaşayı fırsat bilerek Resûlullah'ı [sallallahu aleyhi vesellem] öldürmek isteyenlerin önünde âdeta bir duvar oluyordu. O, Allah Resûlü'nün bir kılına bile zarar gelmesini istemiyordu. İşte o böyle kahramanca çarpışırken önce sağ kolu kesildi. Hemen sancağı sol eline alarak savaşa devam etti. Fakat ardından sol kolu kesildi. Bu defa vücuduyla sancağa sımsıkı sarıldı ve az önceki âyeti okumaya devam etti. Sonunda bir mızrak darbesiyle şehid oldu.

Mus'ab b. Umeyr [radıyallahu anh] şehid olarak yerde yatarken, savaşın ilerleyen saatlerinde Resûlullah [sallallahu aleyhi vesellem] Mus'ab'ı [radıyallahu anh] elinde sancakla gördü ve, *"İleriye git ey Mus'ab!"* diye emretti. Fakat o kişi yüzünü Peygamberimiz'e dönerek, "Ben Mus'ab değilim" deyince Resûl-i Ekrem [sallallahu aleyhi vesellem] onun Mus'ab kılığında savaşan bir melek olduğunu anladı. [57]

Mus'ab [radıyallahu anh] şehid olunca Resûlullah [sallallahu aleyhi vesellem] mübarek naaşının başucuna oturarak, Uhud şehidleri hakkında nâzil olduğu bildirilen şu âyeti okudu: *"Müminler içinde Allah'a verdikleri sözde duran nice erler var. İşte onlardan kimi, sözünü yerine getirip o yolda canını vermiştir; kimi de (şehidliği) beklemektedir. Onlar hiçbir şekilde (sözlerini) değiştirmemişlerdir"* (Ahzâb 33/23).

Mus'ab b. Umeyr [radıyallahu anh] vaktiyle zenginlik ve refah içinde yaşarken şehid olduğunda bedenini örtecek bir örtü dahi bulunamamıştı. Resûlullah [sallallahu aleyhi vesellem] yanına geldiğinde Mus'ab b. Umeyr [radıyallahu anh] eski bir hırkanın içinde saçları dağılmış, vücudu ise kılıç ve mızrak darbeleriyle parçalanmış bir durumda yatıyordu. Allah Resûlü üzüntülü bir halde şunları söyledi: *"Seni Mekke'de gördüğümde, senden daha güzel giyinen, senden daha yakışıklı kimse yoktu. Şimdi ise kefen olarak sarılmış hırkadan başın dışarıda kalıyor."* Sonra onun için de bir kabir açtılar ve Uhud şehidleri arasına defnettiler.

---

57 İbn Sa'd, *et-Tabakâtü'l-Kübrâ*, 2/121.

CESUR GENÇ
ABDULLAH b. MESUD [r.a]

Abdullah b. Mesud [radıyallahu anh] gençliğinde Ukbe b. Ebû Muayt'ın koyunlarını güderek çobanlık yapmıştır. Abdullah b. Mesud [radıyallahu anh] Hz. Peygamber [sallallahu aleyhi vesellem] ile ilk tanışması ve karşılaşmasını söyle anlatır: Ben Ukbe b. Ebû Muayt'ın koyunlarını güdüyordum. Bir gün Resûlullah [sallallahu aleyhi vesellem] ve Hz. Ebû Bekir [radıyallahu anh] yanımdan geçiyorlardı. Allah Resûlü bana sütümün olup olmadığını sordu. Ben de ona çoban olduğumu ve bu koyunların emanet olduklarını söyledim. Bunun üzerine Resûl-i Ekrem [sallallahu aleyhi vesellem], *"Yavrulamamış ve süt vermeyen bir koyunun var mı? Bana gösterir misin?"* dedi. Ben de onun tavsif ettiği bir koyun yanaştırdım. Resûlullah [sallallahu aleyhi vesellem] koyunun memesini tutup sağmaya başladı. Gerçekten yavrulamamış ve sütü olmayan bu koyundan süt sağıp Ebû Bekir'e verdi. Hz. Ebû Bekir [radıyallahu anh] içti; sonra kendisi de içtikten sonra koyunu bıraktı. [58]

İşte bu hadiseden sonra Abdullah b. Mesud [radıyallahu anh] Resûlullah'ın [sallallahu aleyhi vesellem] yanından hiç ayrılmamış, ilk müslümanlardan olmuştur. Tarih kitapları onun İslâm ile müşerref oluşunun Dârülerkam toplantılarından daha evvel

58 İbn Sa'd, *et-Tabakâtü'l-Kübrâ*, 3/150-151.

olduğunu zikreder. Abdullah b. Mesud [radıyallahu anh] müslüman olduktan sonra hep ilimle uğraşmıştır. Yetmiş kadar sûreyi Hz. Peygamber'in [sallallahu aleyhi vesellem] huzurunda ezbere okumuştur. Sonraki zamanlarda Kur'an'ın tamamını ezberlemiştir. İbn Mesud [radıyallahu anh] ilimle iştigal eden fakih sahabilerden oldu. Resûlullah ondaki kabiliyeti sezdiği içindir ki, *"Sen, muallim olacak bir gençsin"*[59] buyurmuşlardı. Gerçekten İbn Mesud [radıyallahu anh] her anını ilim tahsiliyle geçirmiş, Resûl-i Ekrem'in [sallallahu aleyhi vesellem] ilminden yararlanmak için her fırsatı ganimet bilmiştir.

Resûlullah Efendimiz'den [sallallahu aleyhi vesellem] sonra Mekke'de Kur'ân-ı Kerîm'i cehrî olarak okuyan ilk kişi Abdullah b. Mesud'dur [radıyallahu anh]. İbn Mesud [radıyallahu anh] ilk müslüman olduğu sıralar Mekke müşriklerinin müslümanlar üzerinde işkence, baskı ve boykot uyguladıkları bir dönemdi. Bu sebeple müslümanlar ibadetlerini gizliden gizliye yapıyorlar, Kur'an'ı da evlerinde okuyorlardı. İşte böyle bir dönemde Abdullah b. Mesud [radıyallahu anh] Kâbe'de Kur'an okumak istemişti. Sahabiler kendisine bunu yapmanın tehlikeli olacağını, müşriklerin kendisine zarar verebileceklerini söylemişlerdi. Ancak İbn Mesud [radıyallahu anh], "Beni, onların şerrinden Allah korur!" diyerek kalkmış ve Kâbe'ye gitmişti.

Bu sırada Kureyş müşriklerinin reisleri Kâbe'nin etrafında toplanmışlar, bir meseleyi görüşüyorlardı. Abdullah b. Mesud [radıyallahu anh] on-

---

59 İbnü'l-Esîr, *Üsdü'l-Gâbe*, 3/256-257.

lar konuşurlarken, yüksek ve güzel bir sesle besmele çekip Kur'ân-ı Kerîm'den Rahmân sûresini okumaya başladı. Bu duruma herkes hayret etti. Bu cesur kişinin kim olduğunu öğrenmek üzere yanına gittiklerinde İbn Mesud olduğunu gördüler. Onu yakalayıp cezalandırmak üzere kızgın kumlara yatırdılar, tekmelediler ancak o dininden dönmedi. Verdikleri cezanın onu dininden döndüremeyeceğini anlayan müşrikler bir müddet sonra İbn Mesud'u [radıyallahu anh] bırakıp gittiler. [60]

İbn Mesud [radıyallahu anh], bütün büyük savaşlara katıldı. Uhud, Bedir, Hendek, Hudeybiye, Hayber gazveleriyle Mekke'nin fethinde Resûlullah [sallallahu aleyhi vesellem] ile birlikte bulundu. Huneyn Gazvesi'ndeki bozgun esnasında Allah Resûlü'nün yanından hiç ayrılmadı.

Abdullah b. Mesud [radıyallahu anh], Peygamber Efendimiz'e [sallallahu aleyhi vesellem] yakınlığı, Kur'an'ı ezberleyen sahabilerden oluşu, aklî muhakeme kabiliyetinin üst düzeyliği, hadislerdeki titizliği gibi pek çok sebepten ötürü fakih sahabilerdendir. Hatta bir ilim olarak fıkhın kurucusu bile sayılabilir. Özellikle Hanefî fıkhının temel taşıdır. Hz. Peygamber'in [sallallahu aleyhi vesellem] vefatından sonra Kûfe halkına kadılık yapmıştır. Irak bölgesinin bütün âlimleri meselelerinin çözümü için İbn Mesud'a [radıyallahu anh] gelmişlerdir.

---

60 İbnü'l-Esîr, *Üsdü'l-Gâbe*, 3/256-257.

RESÛLULLAH'IN MUHAFIZI
SA'D b. EBÛ VAKKAS [r.a]

Sa'd b. Ebû Vakkas [radıyallahu anh] ilk iman edenlerdendir. Cennetle müjdelenen on sahabiden biridir. Müslüman olduğunda henüz on yedi-on dokuz yaşlarında bir delikanlı idi. Annesi Sa'd'ın müslüman olduğunu öğrendiğinde onu inancından vazgeçirmek için türlü türlü çareler aramaya başladı. Sa'd'a, "Eğer girdiğin dinden dönmezsen, yemeyip içmeyeceğime yemin ediyorum" dedi. Sa'd [radıyallahu anh] ise annesine, böyle yapmamasını, zira dininden asla dönmeyeceğini söyledi. Annesi bir müddet yemini uygulama yoluna gitse de oğlunun imanında kararlı olduğunu görünce vazgeçti.

Sa'd [radıyallahu anh], Medine'ye hicrete kadar Mekke'de kalmıştır. Dolayısıyla o da diğer müslümanların mâruz kaldıkları bütün saldırı ve işkencelere mâruz kalmıştır. Bu baskı ve işkence döneminde müslümanlar, Mekke müşriklerinin eziyetlerinden emin olabilmek için ibadetlerini gizli ifa ediyorlardı. İşte yine böyle bir gün Sa'd b. Ebû Vakkas [radıyallahu anh] arkadaşlarıyla tenha bir yerde ibadet yaparken müşriklerden bir grup onlara sataşarak İslâm'la alay etmişlerdi. Bunun üzerine Sa'd [radıyallahu anh] eline geçirdiği bir deve sırt kemiğini alıp müşriklere karşılık vermiş ve onlardan birini yaralamıştı. Bu olay İslâm tarihine Allah için akıtılan ilk kan olarak geçmiştir. Medine'ye hicretten sonra gerek savunma amaçlı gerekse Mekke müşriklerinin kaynaklarını kesmek amacıyla kervanlara baskın amacıyla seriyyeler (askerî birlikler) gönderiliyordu.

İlk seriyye, hicretin yedinci ayında Mekke kervanının yolunu kesmek için otuz kişiden oluşan Hz. Hamza [radıyallahu anh] komutasındaki seriyyedir. Sa'd da [radıyallahu anh] bu ilk askerî birliğe katılanlardandır. Bir ay sonra Ubeyde b. Hâris [radıyallahu anh] komutasında gönderilen seriyye Kureyş kervanıyla karşılaşmış ve çıkan çatışmada ilk oku Sa'd b. Ebû Vakkas [radıyallahu anh] atmıştı. Mekke'de Allah yolunda ilk kan akıtan kimse olma şerefi Sa'd'a [radıyallahu anh] ait olduğu gibi, Medine'de yine Allah yolunda ilk ok atma şerefi de böylece ona nasip olmuştur. Sa'd [radıyallahu anh] şöyle demektedir: "Allah yolunda ilk ok atan kimse benim."

Uhud Savaşı'nda, müşriklerin üstünlüğü ele geçirdiği ve müslümanların paniğe kapılarak dağıldığı esnada Resûlullah'ın [sallallahu aleyhi vesellem] yanından ayrılmayıp gövdelerini siper ederek onu korumaya çalışan sahabilerden biri de Sa'd b. Ebû Vakkas [radıyallahu anh] idi. Sa'd [radıyallahu anh] ok atmakta mahirdi. Attığı her hedefi vururdu. Allah Resûlü ona ok veriyor ve şöyle diyordu: *"At yâ Sa'd, anam babam sana feda olsun."*[61] Resûl-i Ekrem [sallallahu aleyhi vesellem] bu sözleri ondan başka hiç kimse için kullanmamıştır.

Sa'd b. Ebû Vakkas [radıyallahu anh] Uhud günü gördüğü hizmet ve gösterdiği kahramanlık gerçekten çok büyüktü. Onun bu günde tek başına 1000 ok attığı rivayet edilmektedir. O Hendek,

61 Müslim, Fezâilü's-Sahâbe, 5.

Hudeybiye, Hayber, Mekke'nin fethi ve diğer gazvelerin tamamına katılmıştır.

Sa'd [radıyallahu anh], vefat edeceğini anladığı zaman yünden mamul cübbesini getirtmiş ve ölünce onunla kefenlenmesini vasiyet etmişti. Bunun sebebi olarak, Bedir Savaşı'nda müşriklerle çarpıştığı zaman onu giydiğini ve bundan dolayı bu cübbesini çok sevdiğini söylemiştir.

Sa'd b. Ebû Vakkas [radıyallahu anh], Hz. Peygamber'i [sallallahu aleyhi vesellem] korumak ve münafıklar tarafından ona gelebilecek zararları engellemek için sürekli gayret içerisindeydi. Âmir b. Rebîa [radıyallahu anh] Hz. Âişe'den [radıyallahu anhâ] şöyle duyduğunu aktarmaktadır: "Resûlullah [sallallahu aleyhi vesellem] Medine'ye gelişinin ilk zamanlarında bir gece uyuyamadı ve, *'Keşke ashabımdan salih biri bu gece beni korusa'* dedi. Bu esnada dışarıdan bir silah hışırtısı duyuldu. Resûlullah [sallallahu aleyhi vesellem], 'Kim o?' dedi. Gelen zat, 'Sa'd b. Ebû Vakkas' karşılığını verdi. Resûlullah [sallallahu aleyhi vesellem] ona, '*Buraya niye geldin?*' diye sorduğunda Sa'd [radıyallahu anh], 'Yâ Resûlallah, bu gece sizi korumak için buraya geldim' dedi. O gece Resûlullah [sallallahu aleyhi vesellem] güven içerisinde istirahat ettiler."

Sa'd [radıyallahu anh] gibi sahabi gençlerin pek çoğu böyle vazifeler için can atarlardı. Hatta Resûlullah Efendimiz'in [sallallahu aleyhi vesellem] nöbetini tutmak için birbirleriyle yarışırlardı. Bunun sebebi, onların Resûl-i Ekrem'i [sallallahu aleyhi vesellem] canlarından, mallarından ve sahip oldukları tüm varlıklarından daha çok sevmeleriydi.

YİĞİTLERİN EFENDİSİ

EBÛ MUSA el-EŞ'ARÎ [r.a]

Ebû Musa el-Eş'arî [radıyallahu anh] Yemen'in Eş'ar kabilesindendir. Resûlullah'ın [sallallahu aleyhi vesellem] Mekke'de davetini başlattığını haber alınca İslâm'ı öğrenmek ve müslümanlar arasına dahil olmak amacıyla kabilesine mensup kişilerle Kızıldeniz yoluyla Mekke'ye gitmeye karar vermiş, ancak gemileri fırtına sebebiyle Habeşistan'a sığınmak zorunda kalınca, o da yanındakilerle birlikte Habeşistan'a hicret etmiş bulunan Mekkeli müslümanlara katılmıştı. Müslüman olduğunda henüz on dokuz yaşında bir gençti. Ebû Musa [radıyallahu anh] burada bir süre kaldıktan sonra Hayber fethi esnasında buradaki muhacirlerle birlikte Medine'ye döndü. Dolayısıyla Ebû Musa [radıyallahu anh] hem Habeşistan hem de Medine'ye hicret etmesi sebebiyle iki hicret sevabı alanlar arasında sayılmıştır. Ebû Musa el-Eş'arî [radıyallahu anh] Medine'ye ulaştıktan sonra Hz. Peygamber'in [sallallahu aleyhi vesellem] katıldığı bütün savaşlarda bulunmuştur. Resûl-i Ekrem Efendimiz [sallallahu aleyhi vesellem] onun için, *"Yiğitlerin efendisi Ebû Musa'dır"* buyurmuşlardır. [62]

Ebû Musa el-Eş'arî [radıyallahu anh] Kur'ân-ı Kerîm'i bizzat Resûlullah'tan [sallallahu aleyhi vesellem]

62 İbn Sa'd, *et-Tabakâtü'l-Kübrâ*, 4/107.

öğrenerek ezberleyen sayılı sahabilerden biridir. Güzel sesliydi. Kur'an okuyuşu herkesi hayran bırakırdı. Evinin önünden geçerken okuyuşunu işitenler onu durup dinlemeden geçemezlerdi. Bir gece Resûl-i Ekrem [sallallahu aleyhi vesellem] Hz. Âişe [radıyallahu anhâ] validemizle bir yere gidiyorlardı. Ebû Musa'nın evinin hizasına gelince durdular. Zira Ebû Musa [radıyallahu anh] o esnada Kur'an okuyor ve okuyuşu dışarıdan duyuluyordu. Okumasını bitirinceye kadar beklediler. Peygamber Efendimiz [sallallahu aleyhi vesellem] sabahleyin onu görünce akşamki hadiseyi anlattı. [63]

Ebû Musa [radıyallahu anh] Resûl-i Ekrem'in [sallallahu aleyhi vesellem] sağlığında fetva veren sahabilerdendi. Onun verdiği fetvalar küçük bir cüz hacminde idi. Resûlullah Efendimiz'in [sallallahu aleyhi vesellem] vefatından sonra uzun yıllar idarecilik yaptı. Dünya malına hiç iltifat etmedi. Son derece edep ve hayâ sahibiydi. Yıkanırken dahi Allah Teâlâ'dan hayâ edip karanlıkta iki büklüm olarak yıkandığını söylerdi. O, zühd ve takvasıyla tanındı. Her an son nefesini düşünürdü.

Kur'an ve Sünnet'teki maharetinden ve fıkha olan düşkünlüğünden dolayı Resûlullah [sallallahu aleyhi vesellem] onu takdir etmiş ve, *"Bu ümmetin kadıları (hâkim ve fakihi) dörttür. Ömer, Ali, Ebû Musa ve Zeyd b. Sâbit"* buyurmuşlardır. [64]

---

63 Buhârî, Fezâilü'l-Kur'ân, 31.

64 Hâkim, *el-Müstedrek*, 3/527.

SONSÖZ

Genç sahabileri onların hayatlarını, İslâm için mücadelelerini, Allah'a ve Resûlullah'a [sallallahu aleyhi vesellem] olan sevdalarını bir kitapta anlatıp bitirebilmek mümkün değildir. Ciltler dolusu yazılsa yine de azdır.

Gençlik deyince sadece erkek çocuk akla gelmemelidir. Gençlerin yarısını genç kızlarımız oluşturur. Kız çocukları bizim değerimizdir. İslâm'ı ilk kabul edenler arasında genç kızların ve kadınların önemli mevkii vardır. Hz. Ömer'in [radıyallahu anh] kız kardeşi Fâtıma müslüman olduğunda henüz yirmili yaşlardaydı. Hz. Âişe validemizin ablası Esmâ [radıyallahu anhâ] ise on yedi yaşında idi. Hz. Âişe validemiz de gençlik yıllarını, ezvâc-ı tâhirattan biri olarak Peygamber Efendimiz'in hane-i saâdetinde geçirdi. Hanımları arasında ona en yakın olanıydı. Bu sayededir ki en çok hadis rivayet eden sahabiler arasında zikredildi. Onun kavrayışı, zekâsı sayesinde pek çok fıkhî mesele açıklığa kavuşturuldu.

Gençler meyve vermeye hazırlanan bir ağaç gibidir. İlgi gösterilirse en güzel meyveleri alma imkânı vardır. Bu sebeple gözümüzün nuru, ailelerimizin neşesi ve toplumumuzun geleceği olan gençlerimize sahip çıkılmalıdır. Onların arkadaş seçiminde büyükler yol gösterici olmalıdırlar. Her meselede olduğu gibi, gençleri bu konuda da uyaran Peygamber Efendimiz [sallallahu aleyhi vesellem], *"Kişi dostunun dini üzeredir. O halde her biriniz dost edindiği kişiye dikkat etsin"* [65] buyurmuştur.

"Kişinin, dostunun dini üzere" olmasından maksat, dini yaşama durumudur. Gerçekten de iyi bir arkadaş iyiliğe, güzel işler yapmaya teşvik eder; kötü bir arkadaş ise arkadaşını günah işlemeye yöneltir. Bugün gençlerin kötü alışkanlıklara saplanmasında ve yanlış tercihlerde bulunmasındaki en büyük etken kötü arkadaş seçimidir. Sahabe, arkadaş demektir. Sahâbe-i kirâm efendilerimiz nasıl arkadaş olunacağını Resûlullah'a [sallallahu aleyhi vesellem] bağlılıklarıyla, onun emir ve tavsiyelerine harfiyyen uymalarıyla göstermişler ve yaşantılarıyla da bugünün gençlerine ışık olmuşlardır.

O halde gençler, sahabenin Resûlullah Efendimiz'e [sallallahu aleyhi vesellem] bağlılığını, onu sevmesini, ona itaati örnek almalıdırlar. Hz. Peygamber'i sevmeli ve ona itaatin Allah tarafından istenen bir husus olduğunun bilincine varmalıdırlar.

---

65 Tirmizî, Zühd, 45.

BİBLİYOGRAFYA

Ahmed b. Hanbel, Ahmed b. Muhammed b. Hanbel eş-Şeybânî, *el-Müsned*, Beyrut 1999.

Ali el-Müttakî, Alâeddin Ali el-Müttakî el-Hindî, *Kenzü'l-Ummâl fî Süneni'l-Akvâli ve'l-Ef'âl,* Beyrut: Müessesetü'r-Risâle, 1993.

Beyhakî, Ebû Bekir Ahmed b. Hüseyin, *Şuabü'l-İmân,* Beyrut: Dârü'l-Kütübi'l-İlmiyye, 2000.

a.mlf., *Delâilü'n-Nübüvve,* c. 1-7, Beyrut: Dârü'l-Kütübi'l-İlmiyye, 1985.

Bezzâr, Ebû Bekir Amr b. Abdülhâlik, *el-Bahrü'z-Zehhâr (Müsnedü'l-Bezzâr),* Medine: Mektebetü'l-Ulûm ve'l-Hikem, 2003.

Buhârî, Ebû Abdullah Muhammed b. İsmail, *Edebü'l-Müfred,* Beyrut 1999.

Ebû Nuaym, Ahmed b. Abdullah el-İsfahânî, *Hilyetü'l-Evliyâ ve Tabakâtü'l-Asfiyâ,* c. 1-16, Beyrut: Dârü'l-Kütübi'l-İlmiyye, 1997.

a.mlf., *Delâilü'n-Nübüvve,* Beyrut: Dârü'n-Nefâis, 1991.

a.mlf., *Târîhu İsbahân (Zikru Ahbâri İsbahân),* c. 1-4, Beyrut: Dârü'l-Kütübi'l-İlmiyye, 1990.

Fahreddin er-Râzî, *et-Tefsîrü'l-Kebîr,* Beyrut: Dâru İhyâi't-Türâsi'l-Arabî, 1997.

Hâkim, Muhammed b. Abdullah Hâkim en-Nîsâbûrî, *el-Müstedrek ale's-Sahîhayn,* c. 1-4, Beyrut: Dârü'l-Kütübi'l-İlmiyye, 1990.

Heysemî, Nûreddin Ali b. Ebû Bekir, *Mecmau'z-Zevâid ve Menbau'l-Fevâid* (*Buğyetü'z-Zâid* tahkikiyle birlikte), Beyrut: Dârü'l-Fikr, 1994.

İbn Asâkir, Ebü'l-Kasım Ali b. Hasan, *Târîhu Medîneti Dımaşk,* c. 1-80, Beyrut: Dârü'l-Fikr, 1995.

İbn Hacer, Ahmed b. Ali el-Askalânî, *el-İsâbe fî Temyîzi's-Sahâbe,* c. 1-8, Beyrut: Dârü'l-Kütübi'l-İlmiyye, 1995.

İbn Hallikân, Ebü'l-Abbas Ahmed b. Muhammed, *Vefeyâtü'l-A'yân ve Enbâü Ebnâi'z-Zamân* (nşr. İhsan Abbas), Beyrut: Dârü's-Sekafe, ts.

İbn Hibbân, Muhammed b. Hibbân, *Sahîh,* c. 1-18, Beyrut: Müessesetü'r-Risâle, 1988.

İbn Kesîr, İsmail b. Ömer b. Kesîr, *el-Bidâye ve'n-Nihâye,* c. 1-8, Beyrut: Dârü'l-Kütübi'l-İlmiyye, ts.

a.mlf., *Tefsîrü'l-Kur'âni'l-Azîm,* c. 1-8, Beyrut: Dâru İbn Hazm, 1998.

İbn Sa'd, Muhammed b. Sa'd, *et-Tabakâtü'l-Kübrâ,* c. 1-8+ (1 Fihrist), Beyrut: Dâru Sâdır, ts.

İbnü'l-Esîr, İzzeddin Ali b. Muhammed, *Üsdü'l-Gâbe fî Ma'rifeti's-Sahâbe,* c. 1-5, Beyrut: Dârü'l-Ma'rife, 1997.

Münâvî, Şemseddin Muhammed Abdürraûf, *Feyzü'l-Kadîr Şerhu'l-Câmii's-Sagîr,* Beyrut 1972.

Süyûtî, Celâleddin, *ed-Dürrü'l-Mensûr fi't-Tefsîri'l-Me'sûr,* c. 1-8, Beyrut: Dârü'l-Fikr, 2002.

Taberânî, Ebü'l-Kasım Süleyman b. Ahmed, *el-Mu'cemü'l-Kebîr,* c. 1-25, Beyrut: Dâru İhyâi't-Türâsi'l-Arabî, ts.